Charles Yriarte

L'Épée
de César Borgia

Essai

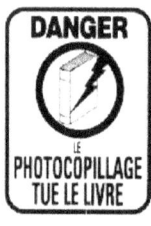 Le code de la propriété intellectuelle du 1er juillet 1992 interdit en effet expressément la photocopie à usage collectif sans autorisation des ayants droit. Or, cette pratique s'est généralisée dans les établissements d'enseignement supérieur, provoquant une baisse brutale des achats de livres et de revues, au point que la possibilité même pour les auteurs de créer des œuvres nouvelles et de les faire éditer correctement est aujourd'hui menacée. En application de la loi du 11 mars 1957, il est interdit de reproduire intégralement ou partiellement le présent ouvrage, sur quelque support que ce soit, sans autorisation de l'Éditeur ou du Centre Français d'Exploitation du Droit de Copie , 20, rue Grands Augustins, 75006 Paris.

ISBN : 978-1978081918

10 9 8 7 6 5 4 3 2 1

Charles Yriarte

L'Épée
de César Borgia

Essai

Table de Matières

Introduction	6
Section I	7
Section II	11
Section III	16
Section IV	24
Section V	36
Section VI	42
Notes	45

Introduction

Quand on remonte aux documents pour tenter de porter la lumière sur une figure comme celle de César Borgia, on hésite en présence des contradictions des contemporains. Entre les flatteurs qui encensent, les pamphlétaires qui déchirent, les politiques qui se passionnent, et les poètes qui exagèrent, on se sent tenté de tout rejeter pour ne se fier désormais qu'à ces témoins, inconscients de leur rôle, qui reflètent les faits sans les juger. Le roman s'est emparé de certains personnages historiques ; le théâtre, avec la force de relief qu'il donne aux figures qu'il évêque, leur a créé pour ainsi dire un alibi historique, — et la fiction a vaincu la réalité. Rien ne reste des Borgia qui soit intact ; la longue réaction qu'ils ont appelée les a poursuivis par-delà la tombe ; les pierres sépulcrales sont brisées, effacées les pompeuses épitaphes, dispersés les monuments, lacérées les images. Ce n'était pas assez des haines politiques, des épigrammes sanglantes attachées pour toujours aux flancs du bœuf héraldique, de leur maison : un mouvement irrésistible de l'idée religieuse, un schisme provoqué par leurs scandales et leurs crimes, en partageant l'Europe au XVIe siècle, a rendu à jamais suspects les témoignages de certains témoins oculaires, comme il laisse planer le doute sur les historiens les plus sincères et les plus désintéressés.

Un monument cependant subsiste, qui, par sa nature, a pu échapper à la destruction générale : c'est l'épée de César Borgia, Si on examine avec attention les inscriptions nombreuses et les compositions dont la lame est ornée, on reconnaîtra qu'il y a là non-seulement un monument d'art d'un haut prix, mais un document historique à l'appui de la vie du Valentinois et une révélation de ses secrètes pensées. Que l'on consente à voir dans le fils d'Alexandre VI un homme de génie, *le prince* de Machiavel, ou qu'au contraire on pense avec F. Gregorovius, le célèbre auteur de l'*Histoire de la ville de Rome au moyen âge*, que c'est une tâche à la mémoire du fondateur de la science politique d'avoir fait d'un sanglant aventurier une sorte de « messie de l'Italie, » il sera difficile de nier que la conquête des Romagnes n'ait eu pour résultat, sous Jules II, la constitution du domaine temporel de l'église. Tout document qui accuserait chez César, *encore cardinal de Valence*, la préméditation de ses vastes desseins et son ambition prématurée, prendrait donc une incontestable importance aux yeux des historiens. C'est l'intérêt spécial que présente la « reine des épées » conservée dans les archives des Gaetani.

Section I

Le chef de la famille Gaetani, le duc de Sermoneta, appelait de ses vœux l'écrivain qui assumerait la tâche d'écrire les fastes de l'arme dont il se plaisait à faire les honneurs ; et ceux qui ont eu la bonne fortune de l'entendre décrire les compositions gravées sur la lame (comme si, dans la nuit éternelle où ils étaient plongés, ses yeux pouvaient encore les distinguer), ont gardé un vif souvenir du monument lui-même, et du juvénile enthousiasme de l'illustre vieillard. Perdue jusqu'en 1754, cette épée a son histoire, curieuse, et attestée par des documents. Un article de la *Nuova Antologin* de Rome, publié en 1880 par l'honorable M. Ademollo, sous le titre : *la Famille et l'Hérédité de l'abbé Galiani*, en a révélé l'existence aux mains du célèbre auteur des *Dialogues sur le commerce des blés*. Depuis, la découverte de l'original du testament de Galiani dans les archives de Naples a complété les renseignements, en nous apprenant comment, de ses mains, l'arme précieuse est venue à celles des Gaetani.

On ne s'attendait guère à voir le nom de Galiani associé à celui de César ; mais il faut se rappeler que l'ancien secrétaire de l'ambassade de Naples à Paris était un collectionneur passionné. La publication, par MM. Lucien Perey et Gaston Maugras, des lettres de Galiani confirme les faits avancés par M. Ademollo, et montre avec quelle passion l'amateur italien décrit les pièces qu'il vient d'acquérir, les signale à ses amis de France et les pousse à obtenir pour lui celles qui vont passer dans les ventes. « Je suis fort occupé, dit-il à Mme d'Épinay, dans une lettre datée du M août, à rechercher quelques notes concernant la vie du duc de Valentinois, César Borgia, par une raison fort bizarre. Je devrais en composer une brochure pour la dédier au pape. » Le 2 octobre de la même année, il revient sur le sujet : « Je possède une pièce fort curieuse, c'est l'épée de César Borgia, duc de Valentinois, fils du pape Alexandre VI, qu'il fit travailler exprès avec des emblèmes allusifs à sa future grandeur et à son ambition. Il est superflu de vous conter comment, par quels détours, cette épée est tombée dans mes mains. Je voulais en faire un présent lucratif au pape, et selon mon usage, l'accompagner d'une dissertation érudite pour en illustrer les emblèmes. Je pris la plume en main et je commençai mon récit : « César Borgia naquit… » Et j'en suis reste-là, car jamais, au grand jamais, il ne m'a été possible, dans ma bibliothèque et dans celle de tous mes amis de trouver en quelle année était né ce gaillard-là. »

Il est regrettable que l'abbé ait regardé comme superflu de nous dire l'origine de son arme, mais chacun sait que, de tout temps, les amateurs ont été discrets, les révélations n'étant pas toujours exemptes de danger pour la sécurité de leur possession. Au reçu de la première lettre de Galiani, Mme d'Épinay lança sur la piste de César un érudit alors estimé, Capperonnier, professeur de grec au Collège de France et membre de l'Académie des Inscriptions. Capperonnier ne fournit à son correspondant que des notes banales ; « ce qu'on trouve dans tous les mauvais livres et dans tous les mauvais dictionnaires, » écrit l'abbé impatienté. « Si l'époque de la naissance de César Borgia était une chose aisée à trouver ou à combiner, je n'aurais pas eu recours à Capperonnier. » En 1774 il revenait encore à la charge. « Pourquoi M. Capperonnier ne répond-il pas à ma question ? Y a-t-il un écrivain, imprimé ou manuscrit, qui marque l'aimée précise de la naissance de César Borgia ? Voilà la question. »

La réponse était facile ; manuscrit ou imprimé, personne alors ne connaissait le document que l'abbé demandait. En effet, ce n'est qu'en 1872 que L.-N. Cittadella, bibliothécaire de la commune de Ferrare, après avoir compulsé tous les papiers d'état des archives locales, tenta le premier essai de généalogie des Borgia. Ce premier effort n'aboutit pas encore à une connaissance exacte des dates-et celles que Cittadella a données ont trompé nombre d'écrivains ; mais au printemps de la même année 1872, l'auteur de l'*Histoire de Rome au moyen âge* ayant rencontré inopinément dans *l'Archivio notarile* du Capitole les protocoles de Camillo di Beneimbene, notaire de confiance du pape Alexandre VI, il lui fut donné d'y lire les actes de mariage de ses enfants et les nombreux contrats relatifs à Lucrèce et à ses frères ; c'est de ces diverses pièces qu'on put enfin déduire avec sécurité les dates authentiques.

Si Galiani mourut sans avoir la date de la naissance de ce « gaillard-là, » ce ne fut point faute cependant d'avoir fait des démarches dans toutes les directions. Le 20 octobre 1787, un écrivain du temps, Cesaretti, auteur de l'*Histoire de la principauté de Piombino*, écrit à l'abbé dans les termes suivants : « J'ai sur le cœur cette épée de César Borgia ; vous feriez cependant une chose digne d'éloges si vous vouliez dicter à quelqu'un le résultat de vos curieuses découvertes sur l'histoire de ce personnage si peu connu, et votre interprétation des emblèmes de l'épée, *qui sont tout aussi dignes d'exciter l'intérêt des érudits que le plus beau bas-relief grec ou romain*. Si, une fois cela fait, vous avez la complaisance de me faire tenir ce travail à Padoue, vous me ferez un précieux cadeau. » Deux mois après avoir reçu la lettre de Cesaretti, Galiani mourut à Naples, à l'âge de cinquante-huit ans, sans avoir mis à exécution son projet d'écrire la monographie de son arme. On trouva chez lui dix caisses pleines de manuscrits, vingt-deux volumes de lettres mises en ordre et un grand nombre d'autres non classées. On dossier spécial portant l'inscription : *Épée de César*, devait, selon la volonté du défunt, être remis par ses exécuteurs testamentaires au futur possesseur de l'arme, désigné dans son testament même par un codicille écrit de sa propre main, la veille de son décès : « Mes exécuteurs testamentaires savent que j'ai promis de céder pour le prix de trois cents ducats napolitains à Mgr Gaetani d'Aragon, qui est à Rome, ma célèbre épée du Valentinois, avec les mémoires que j'ai recueillis sur ce précieux objet. Je les prie donc de l'offrir au prélat pour le prix indiqué. Mais s'il ne désirait plus l'acquérir, je veux qu'on offre respectueusement en mon nom la susdite épée à Sa Majesté Impériale l'impératrice de toutes les Russies, comme souvenir de ma reconnaissance pour tous ses bienfaits. »

La grande Catherine figure parmi les correspondants de Galiani ; elle faisait grand cas des lumières de l'abbé, tenta plusieurs fois de l'attirer à sa cour et finit par lui assigner une pension. Dès que la souveraine eut connaissance du codicille qui la concernait, elle s'enflamma à l'idée de posséder l'épée du terrible fils d'Alexandre VI et fit de pressantes démarches par la voie de son ambassadeur auprès du roi de Naples. La teneur du testament était formelle ; le prélat auquel on donnait le droit de préemption en acceptant les termes ; les volontés de Galiani reçurent leur pleine exécution. A la fin de l'année 1787, après des débats irritants, soulevés par la famille de l'abbé, qui attaqua le testament, le duc de Sermoneta reçut l'épée et le mémoire à l'appui.

Désormais aux mains des Gaetani, ce trophée symbolisait pour eux la lutte entreprise contre la famille, sa revanche et le triomphe définitif du droit. Ils résolurent de le placer avec une inscription dans le château-fort de Sermoneta, que les Borgia leur avaient enlevé en s'appropriant jusqu'au titre auquel donnait droit l'apanage. Ces intentions sont consignées dans une lettre conservée dans les archives privées de la famille, lettre écrite en 1788 par un Gaetani à l'historien Cancellieri ; à l'heure présente, elles font encore tout le prix du monument aux yeux de ceux qui ont voulu l'acquérir. On en eut une preuve singulière, il y a plus de vingt ans, dans une de ces fêtes où les Italiens associent volontiers à leurs divertissements les grands souvenirs de leur passé brillant et tourmenté. Dans un *ricevimento* au palais Gaetani, un jour où on donnait aux invités le spectacle de « tableaux vivants, » on vit apparaître, sous les traits de la propre fille du duc de Sermeneta, l'allégorie de *la Justice* tenant en mains la balance et le glaive. Dans cette assemblée d'élite où figuraient des Colonna, des descendants des Orsini et des Vitelleschi, courut un long frémissement quand on apprit que le glaive porté par la fille de Gaetani (aujourd'hui l'une des femmes les plus distinguées de l'aristocratie romaine) n'était autre que le propre glaive de Borgia. Cet « écho mondain » a été enregistré par M. Ademollo dans *la Fanfulla de Rome*. « *A la suite de cette fête, ajoute l'honorable écrivain, l'épée du fils du pape Alexandre VI fut plus célèbre en Italie que si on l'eût publiquement exposée dans un musée.* »

Nous n'essaierons point d'interpréter les emblèmes et de commenter les inscriptions gravés sur la lame de l'épée de César : M. E. Alvisi, l'écrivain consciencieux auquel on doit une étude sur Borgia, duc des Romagnes, en a tenu compte ; et F. Gregorovius, qui a su tirer un si grand parti des riches archives des Gaetani, a consacré dans les termes suivants l'importance historique du monument : « César était entré avec répugnance dans les ordres sacrés,.. le duc de Sermoneta possède une épée ornée de compositions pleines d'allusions au César antique, qui font comprendre quelles idées bouillonnaient dans le cerveau du cardinal. » Il nous suffira de constater que, voué à l'église, cardinal de Valence, chargé, le 10 août 1497, de représenter le Saint-Siège au couronnement du roi de Naples, Frédéric d'Aragon, le fils d'Alexandre VI, au lieu de s'inspirer des idées pacifiques exprimées dans la bulle pontificale : « Vous apparaîtrez dans le royaume napolitain, déchiré par la furie de la guerre, comme un ange de paix, » demande à l'artiste chargé de graver l'épée d'apparat qu'on portera devant lui comme l'emblème du pouvoir temporel, d'évoquer les hauts faits du César romain, de faire allusion à sa royauté future, d'exprimer tous ses ambitieux désirs ; et se place enfin sous l'invocation du conquérant, en écrivant au-dessous de son propre nom, de son titre et de son écusson : CVM NUMINE CÆSARIS OMEN-ALEA JACTA EST.

Section II

Si l'historien de Rome au moyen âge fait du fils d'Alexandre « le héros du crime et le type du démon incarné, » il reconnaît aussi que ce « fils d'un pontife infâme aspira à de grandes choses, à rien moins qu'à ceindre le diadème de roi d'Italie. Peut-être même, ajoute Gregorovius, méprisa-t-il assez les hommes pour s'imaginer qu'il aurait pu parvenir au pontificat, ayant été évêque et cardinal [1]. » Non, malgré la rigueur des temps, malgré la démoralisation du sacré collège, où on achetait les votes par contrat enregistré (quitte à ne plus tenir ses engagements une fois élu, comme Alexandre en usa vis-à-vis des cardinaux Orsini et Savelli), César savait que, fils d'un pape, il ne ceindrait jamais la tiare ; et ce qui fait le prix du monument que nous considérons ici, c'est que justement, au moment où il exprimait ainsi ses ambitieux désirs, les vœux du fils d'Alexandre étaient frappés de stérilité. Entre le pouvoir et lui se dressaient deux obstacles qui, pour tout autre, eussent été infranchissables : la carrière ecclésiastique et l'existence de son frère aîné. Giovanni, duc de Gandia, plein de vie, plein de courage, séculier, brillant capitaine, déjà gonfalonier de l'église, et demain duc de Bénévent, le primait de par son droit de naissance, et parce qu'il partageait avec lui l'extraordinaire affection qu'Alexandre VI portait à tout ce qui était la chair de sa chair. Eût-il été délié de ses vœux, le cardinal de Valence n'eût donc encore été que le second ; aussi, renoncer à la pourpre et supprimer son frère : tel est le premier acte de César, tel est le début de sa sanglante carrière.

C'est le 10 août 1496, au moment où Alexandre VI a conçu le projet d'en finir avec les barons romains qui tiennent son pouvoir en échec, et de partager leurs biens entre ses propres enfants, qu'ayant eu besoin d'un bras souple à ses volontés pour la conduite de la campagne à entreprendre, le pontife a spécialement rappelé de Valence son fils aîné, qui y avait été élevé, et l'a reçu en grande pompe aux portes de Rome. Après l'avoir comblé de dignités, Alexandre lui donne le commandement général des troupes du Saint-Siège, c'est-à-dire la place que César ambitionne. Dans toutes les cérémonies publiques, au lendemain de chaque victoire, à la célébration de chaque triomphe remporté sur les barons, Borgia n'est déjà plus que le second. Il représente le pouvoir spirituel et l'église, quand son frère aîné tient l'épée du Saint-Siège, et, grâce à l'épée, ne connaîtra plus de bornes à sa fortune. L'élévation de Gandia au titre de duc de Bénévent avec droit d'hérédité (qui lui crée des droits éventuels au trône de Naples) vient mettre le comble à la jalousie de César. Depuis longtemps, il étudie le milieu où il évolue ; il pèse les circonstances, calcule les chances de la politique et attend l'heure propice. Les succès de Gandia le déterminent ; il sortira avec effraction de l'impasse où il est enfermé, et ; brisant le cercle ecclésiastique pour ceindre l'épée, deviendra capitaine ; capitaine, il sera duc ; duc, il sera roi,.. ou il succombera : *unt Cæsar, aut nihil*. Son frère s'est mis entre lui et le trône ; il tuera son frère. Le plan une fois conçu, le drame va courir au dénouement avec une effroyable rapidité. Le 10 août 1496, Giovanni est arrivé à Rome ; en octobre, il est fait capitaine général ; à la fin de la campagne, le 7 juin 1497, il reçoit l'investiture du duché de Bénévent, prix de ses services et fruit du contrat par lequel Alexandre donne au nouveau roi de Naples l'investiture du Saint-Siège. Le 9 du même mois, César est désigné comme légat au couronnement du souverain. Il va partir, mais, six jours après la promulgation de la bulle, au moment où Gandia, lui aussi, va quitter Rome pour suivre son frère et prendre possession de son nouveau duché, son corps sanglant, roulé par les flots du Tibre, encore paré de ses bijoux, enveloppé dans son manteau et percé de neuf blessures, est ramené sur la rive du fleuve par des bateliers.

Charles Yriarte

La nouvelle du meurtre parvient au Vatican ; Alexandre VI, atterré, s'enferme dans ses appartements et ne veut voir personne ; ce pontife puissant, jovial, toujours en santé robuste, sanglote comme une femme ; à travers la porte close, les camériers entendent ses gémissements mêlés d'imprécations. Dès le premier moment, il a lancé ses émissaires ; il lui faut le meurtrier, il cherche déjà pour lui des supplices. Rome tout entière est émue, et les partis se renvoient les accusations ; mais tout bas, dans la foule, on murmure le nom de César [2]. A la faveur de la nuit, une main inconnue trace sur la porte de la bibliothèque Vaticane une imprécation poétique, allusion transparente à l'écusson des Borgia : Merge, Tiber, vilulos animosas ultor in undas, Bos cadat inferno victima magna Jovi [3].

La nuit aussi, en secret, dans les chancelleries bien closes, les envoyés des puissances, ceux de Venise, de Naples, de Ferrare, de Milan, de la Savoie et de Florence, écrivent en toutes lettres le nom qu'on n'ose point prononcer.

Cependant, que fait César ? Il allait partir ; c'est même à la suite du repas d'adieu donné par la Vannozza, sa mère, à tous ses enfants, que le duc de Gandia, seul, la nuit, dans les ruelles de Rome, a été assailli, entraîné, puis garrotté et mis à mort. César attend, enfermé dans son palais de Borgo San Angelo ; il joue aux dés avec ses familiers, propose des énigmes aux poètes et prépare pour le couronnement les habits somptueux et les riches livrées qu'il veut marquer au sceau de son élégance. Plusieurs fois, il tente de voir le pontife ; celui-ci persiste dans sa réclusion ; sa douleur est immense ; depuis le mercredi 14 jusqu'au samedi suivant, il a refusé de prendre toute nourriture et ne cède qu'avec peine aux supplications du cardinal de Ségovie. On dirait une revanche de la nature qui veut montrer l'homme sous le monstre. Anéanti, Alexandre s'est présenté au consistoire, s'accusant publiquement d'avoir été un objet de scandale ; et il vient de demander pardon à Dieu et aux hommes en promettant de réformer les mœurs du Vatican. Dans cette assemblée solennelle, ses déclarations sont étranges et les manifestations de sa douleur prennent une forme hyperbolique. « Si nous avions sept trônes, dit-il aux cardinaux qui l'entourent, nous les donnerions pour la vie du duc. » Pendant cinq semaines entières, du 14 juin au 22 juillet, il refuse de voir son fils ; et pourtant, c'est le moment où un père, frappé dans ses

Section II

affections, épanche sa douleur dans le sein de ceux qui lui restent. Enfin, comme Naples attend le légat, celui-ci part le 22, et, à moins que le cardinal de Valence ne soit venu la nuit, en secret, recevoir ses dernières instructions, Burkardt, qui ne quitte pas le Saint-Père depuis le meurtre de Gandia, ne peut attester une seule fois la présence de César au Vatican. Le 10 août, celui qui sera le dernier roi de la dynastie d'Aragon reçoit la couronne des mains de Borgia, et, le 6 septembre, le légat rentre à Rome en grande pompe : spectacle plein d'angoisse pour ceux qui savent le mot de la sanglante énigme, et pour tous ces ambassadeurs qui ont dénoncé à leurs souverains le nom du meurtrier ; on va voir, au milieu des pompes de l'église, s'avancer Caïn, revêtu de la pourpre. Le cardinal légat arrive au pied du trône, il s'incline ; son père, encore plein du souvenir de Gandia ; ouvre silencieusement les bras et le baise au front sans mot dire [4].

Après avoir tout lu, tout compulsé, on ne peut pas encore, à l'appui des dépêches parties alors de Rome, et comme justification des échos de l'indignation publique, produire un document décisif, irréfutable, qui nous montre la main de César dans le meurtre de son frère. Pourtant, alors que la plupart des procès de l'histoire peuvent être révisés, celui-ci ne le sera pas. C'est qu'à partir du moment où Gandia a disparu, l'ambitieux César, poursuivant le but qu'il s'est fixé, va accomplir, avec une logique irréprochable, les actes qui lui permettront de l'atteindre et tirer les conséquences de son crime. Il va renoncer à la pourpre, ramasser le gonfalon tombé des mains de son frère, se substituera lui dans ses dignités et ses commandements et tenir à sa place l'épée de l'église ; par l'épée, il arrivera à la couronne. *Is fecit cui prodest.*

Mais le père, le pontife, a donc pardonné ? Alexandre a fait mieux encore, il a profité de la situation nouvelle que le meurtre a créée. Après une enquête aussi habile qu'elle a été longue et consciencieuse (car il est expert aux menées ténébreuses), le pontife a découvert avec horreur le nom du meurtrier. Dans Rome, on sait qu'il tremble devant ce fils qui ne recule pas devant le meurtre d'un frère ; mais il y a un résultat pratique à tirer de l'énergie épouvantable et de l'ambition démesurée de César, et l'appétit de la puissance, la force de la nature, le désir effréné de jouir, d'enrichir ses enfants et de faire d'eux des princes et des rois, reprennent vite en lui le dessus, et étouffent le souvenir de Gandia. Désormais, Alexandre sera le complice de son fils et servira ses projets ; dès les premiers jours de 1498, il introduit au consistoire la demande du cardinal de Valence, qui aspire à redevenir séculier, « n'ayant embrassé la carrière ecclésiastique que contraint et forcé. » Sûr des votes du collège, le pape n'attend point sa décision et le résultat de l'enquête : tout viendra à son heure. César libre, il lui faut une alliance politique avantageuse ; il la prépare d'avance. Par Gandia, duc de Rénovent, le Saint-Siège avait des droits au trône de Naples ; Alexandre songe à unir son fils à Charlotte d'Aragon, la propre fille du roi qu'il vient de couronner et qu'il s'apprête à trahir. Mais Frédéric déclare qu'il ne veut pas donner sa fille « à un prêtre bâtard de prêtre, » c'est assez d'un prince de sa maison uni à une Borgia, à Lucrèce, divorcée dans des conditions scandaleuses ; il refuse énergiquement toute nouvelle alliance.

Le roi de France qui a conçu le projet de la conquête du Napolitain, va combler les vœux du Saint-Siège. En effet, Louis XIII s'avance en solliciteur ; il demande la dispense qui lui est nécessaire pour répudier Jeanne de France et épouser la reine Anne, veuve de son prédécesseur ; elle lui apporte en dot et sa beauté et son duché de Bretagne. Le Vatican lui fera payer cher cette faveur. César « follement attaché à son titre de Valence, » doit y renoncer en abandonnant la carrière ecclésiastique : par une combinaison étrange, à la fois le fait du hasard et celle de son idée fixe, il peut aspirer à l'investiture de la comté de Valence en Dauphiné, érigée pour lui en duché. Le cardinal espagnol deviendra duc français avec le même titre. On stipule en même temps pour lui une alliance royale faite sous les auspices de Louis XII. C'est le prologue de l'entrée de Borgia à Chinon, porteur de la dispense pontificale, si joliment racontée par Brantôme, d'après un témoin oculaire, et c'est aussi le prélude d'un traité d'alliance offensif et défensif entre le Saint-Siège et la couronne de France. Tandis que le pontife favorisera l'invasion du Milanais et la reprise du Napolitain, Louis XII, par réciproque, aidera Alexandre à conquérir les Romagnes et à reconstituer le domaine temporel. On dirait que César sent que sa vie sera courte et que ses destinées seront rapides, car toute cette intrigue se noue et se dénoue pendant le temps qui s'écoule entre les premiers jours de 1498 et le 14 août, date de la décision du consistoire. Tout est préparé à l'avance ; Villeneuve, l'envoyé du roi de France, porteur des patentes ducales pour César, débarque à Ostie le matin même du jour où celui-ci, dans une humble attitude, avec une déférence marquée pour ses pairs, se présente au sacré collège pour la deuxième fois, demandant qu'on le relève de ses vœux.

Mais l'Espagne a pénétré cette intrigue ; dans César laïque, devenu l'allié du roi de France, elle voit à la fois un danger pour Naples et pour Castille. Garcilaso, l'ambassadeur, proteste ; il va rallier sans doute quelques partisans au roi catholique ; Alexandre VI se lève et invoque un argument vainqueur. Il est de notoriété que la vie privée du cardinal de Valence est un sujet de scandale ; la sécularisation s'impose donc « pour le salut de cette âme. » D'ailleurs, on distribuera aux personnages agréables à la couronne d'Espagne les bénéfices actuellement vacants, et ceux auxquels doit renoncer le cardinal de Valence, bénéfices qui, à eux seuls, montent à 35,000 florins d'or. L'argument est sans réplique. Villeneuve franchit les portes de la ville, il remet les patentes royales ; au printemps suivant, César épousera une des filles d'honneur de la reine de France, Charlotte d'Albret, sœur du roi de Navarre. Le fils d'Alexandre, dans son écusson, accouplera les lis de France au bœuf des Borgia, et, dans son costume *more gallico* mêlera le velours cramoisi à la soie jaune, nos couleurs royales ; enfin, il signera : César Borgia de France. Le cardinal de Valence, rentré dans le siècle, a fait place au Valentinois.

Section III

C'est le jour où César, l'assassin de Gandia, a couronné son crime par la renonciation à la pourpre, qu'il a passé le Rubicon. A partir de ce moment, ses destinées tragiques s'enchaînent avec une logique implacable. Il avait rêvé toutes les gloires, conçu toutes les espérances ; après avoir touché un instant le but, il subira toutes les déceptions, même dans la postérité. Alors que Machiavel voit en lui un homme de génie, à l'heure qu'il est, quelques historiens modernes, et le premier de tous parmi ceux qui ont essayé de pénétrer son caractère pour porter un jugement définitif, le regardent comme un aventurier. « Aux jours de décadence de la république romaine, dit Gregorovius, César aurait pu s'élever au rang d'un homme éminent dans l'histoire. Dans l'âge qui le vit naître, sa terrible ambition ne l'amena cependant pas à rayonner au-delà du cercle des états de l'église : s'il avait été doué d'une grande âme, il eût pu sortir de ces étroites limites ; mais il lui manquait la puissance créatrice qui est le partage de la grandeur morale. Il resta donc attaché au pontificat de son propre père. Il naît et meurt avec lui, c'est un fruit démesuré du népotisme. Le développement de sa puissance fut rapide et véhément, comme celui d'une plante vénéneuse ; il n'embrasse qu'une période de trois années seulement. » Le portrait est juste par bien des côtés ; on sent, dans ces lignes, la protestation d'un historien qui a assis sa conviction sur une étude approfondie et ne veut point être la dupe de l'imagination. Quoi qu'on fasse cependant, et sans jamais oublier les voies horribles par lesquelles il a passé, il est évident qu'à peine à l'âge viril, César a conçu un rêve grandiose, et, pour le réaliser, sous le soldat de proie et le bandit de haut vol, il y avait un politique avisé, servi par une énergie extraordinaire. Ce qu'on n'a pas assez dit, et ce dont il ne faut plus douter après avoir dépouillé les témoignages contemporains laissés à Pesaro, à Forli, à Imola, à Cesena, à Paenza, partout en enfin où il a régné pendant trois années, c'est qu'il y avait aussi en lui un administrateur habile, qui fut même un maître regretté : de sorte qu'à côté d'actes frénétiques, de meurtres avérés, d'un mépris constant des lois humaines et divines, il y a aussi quelques bienfaits. Ainsi s'expliquent, le jour de sa chute, au milieu des imprécations publiques, ces regrets et ces éloges, qui ont leur prix, — car ils ne viennent pas tous de ses clients et de ses amis, mais aussi de ses plus cruels ennemis.

Ce qui ressort de nos investigations dans les dépôts d'archives des villes des Romagnes, de la lecture de la correspondance administrative de César, et même de la tradition locale, vivante encore aujourd'hui pour les hommes d'étude, c'est que son mode de gouvernement convenait aux populations des Romagnes. Un écrivain de Pesaro, Carlo Cinelli, conclut ainsi : « Cette région était peut-être celle où César devait être le plus craint et le mieux aimé. Ses façons de faire, son système de gouvernement franc, net, rapide, cruel au besoin, correspondait peut-être au caractère net et hardi de ces énergiques populations des Romagnes. Et là certainement, plus que partout ailleurs, il mit de l'ardeur à réorganiser l'administration des pays conquis, à y établir un gouvernement solide, ferme, une justice d'une exécution rapide et parfois terrible. » Machiavel conclut de même : « Quels que fussent les moyens employés, il avait réussi à pacifier et à unir ce pays avec plus de sécurité qu'il ne l'avait été jusque-là. » Depuis Sinigaglia jusqu'aux portes de Bologne, partout où il entre en vainqueur, son premier soin est d'organiser « bonne et prompte justice. » Nombre de lettres autographes réclament pour ses sujets *la rapidité dans les décisions judiciaires*. Il frappe en haut et en bas, il donne satisfaction au peuple, qui ne connaît plus l'arbitraire. Sous un tyran nouveau, c'était bien, comme César lui-même se plaisait à le répéter, « l'extinction de la tyrannie [5]. »

Cependant, si on lui laisse les traits qu'il a dans l'histoire, il est impossible de réhabiliter César Borgia. Il y a du monstre en lui ; à côté des Sforza, des Malatesta et des Médicis, avec quelques-unes de leurs vertus politiques et de leurs visées hautes, il offre quelque chose de plus décidé dans le crime, il y apporte une résolution plus froide et une impassibilité supérieure. Sa personne aussi parle plus à l'imagination ; elle est unique et rare ; l'historien allemand a raison de le comparera une plante vénéneuse ; plus subtil est le poison qu'elle distille, plus éclatante est la couleur de son feuillage. En face de son élégance, un peu prétentieuse et bizarre, on pense aux bijoux de la renaissance, qui renferment dans une perle « la cantarella » qui tue sans laisser de trace. Précieux, raffiné, plein de contrastes, il y a dans le fils d'Alexandre quelques-uns des traits des derniers Valois ; l'homme de guerre, dur, impitoyable, rude au combat, étudie la coupe et la couleur de ses habits, dessine ses épées et discute la monture de ses colliers. Les courtisans de France, le voyant déployer à Chinon ce luxe outré et prétentieux, ont dit de lui : « Il a vaine gloire et bombance sotte. » Comme Henri III, il se couvre de satin et porte des perles jusque sur sa chaussure ; encore d'église, il se plaît à revêtir des costumes étranges ; un jour, on le voit en cavalier espagnol ; une autrefois, il se montre sous l'habit des gentilshommes français, et quand son père va en grande pompe visiter Santa Maria della Pace, à côté de Zizim, le prince oriental, hôte du Vatican, César, cardinal, paraît sous le caftan turc, coiffé du turban des infidèles. Cependant son attitude favorite, c'est la méditation ; son penchant, c'est le silence ; il parle peu et par sentence, il a le geste rare et semble toujours absorbé, roulant constamment dans sa main une boule d'or qui contient des parfums énervants et qu'il ne quitte pas plus que son poignard. On le voit refuser des mois entiers l'audience aux ambassadeurs, qui se morfondent, et quand il les admet, il les reçoit couché. Son père lui reproche souvent sa manie de faire de la nuit le jour. Collenucio, envoyé auprès de lui par le duc de Ferrare, raconte qu'il veillait toutes les nuits jusqu'à quatre heures, cosa rarissima ed' eccezionale. Il lui arrivait souvent d'envoyer un de ses capitaines porter ses excuses ou rendre une réponse aux premières heures du jour car, à peine levé, il expédiait les affaires et, infatigable au travail, mettait ses secrétaires sur les dents. Chez lui, ce goût de la réclusion tient à un calcul et Aient d'un trait de son caractère ; chaque fois qu'il paraît, il veut frapper la foule et ne peut supporter d'être le second nulle part. Tout jeune, on l'a vu prendre le pas sur Gonzalve de Cordoue et susciter les plaintes de l'Espagne. A Rome, pendant le jubilé de 1500, où chaque jour tous les princes et les ambassadeurs assistent en pompe aux cérémonies, il ne paraît pas, au grand scandale du pontife. La foule le cherche dans les cortèges, elle l'attend, et il reste enfermé ; couché sur son lit, élégamment vêtu, suivant pendant des heures les coups de dés de ses capitaines, il se plaît à ces jeux de la fortune ; on dirait qu'il cherche à deviner la loi qui préside à ses caprices. Mais, tout d'un coup, quand le jubilé va finir, au jour désigné pour la visite du pape aux quatre basiliques, Borgia paraît, entouré de tous ses gentilshommes en vestes de brocart, velours et or, précédé de cent estafiers aux couleurs de France, rudes prétoriens portant sur la poitrine, en grandes lettres brodées en argent, le nom de CÉSAR.

La foule n'a plus d'yeux que pour lui ; elle aime la beauté, la jeunesse et la force, et oublie le reste. D'ailleurs, même pour les humbles, il y a une attraction et un mystère irritant dans ce contraste de la beauté du corps et de la laideur morale, car la réputation de César n'est plus à faire. Les femmes l'admirent, elles aiment à dompter les fauves, et il exerce sur elles une action extraordinaire. On dit de lui ce que Gaspard de Vérone a dit de son père : « Dès qu'une belle femme s'offre à ses regards, il sent un désir d'aimer qui est incroyable, et il l'attire à lui avec plus de force que l'aimant attire le fer. » C'est un don de famille ; Lucrèce aussi avait le charme. Elle avait séduit nos rudes soldats de Fornoue et, tâche moins facile, désarmé Isabelle d'Esté, sa belle-sœur, qui la jalousait et qui s'était promis de la perdre. Que César fût bien de sa personne, élégant, d'un séduisant aspect, on n'en saurait douter en face des témoignages de la plupart des envoyés des puissances auprès du Vatican. Mais là encore, par une fatalité qui s'attache au nom des Borgia et par le fait de la réaction qui s'est produite à leur mort ou des haines qu'ils inspiraient de leur vivant, il est impossible de donner la preuve de la beauté physique du fils d'Alexandre par l'existence d'un portrait authentique. On arrivera peut-être un jour à prouver que la fameuse représentation de la galerie Borghèse, un des portraits les plus *psychiques* qui soient au monde, est vraiment l'image de César ; mais un point reste irréfutable : l'œuvre est postérieure à l'existence du modèle de près de trente années. Il ne faudrait donc voir là qu'une interprétation ou une « restitution » d'après des documents aujourd'hui perdus. Forli, Imola, Bergame, Como, Milan, et la galerie Hope en Angleterre, opposent à la séduisante image du palais Borghèse d'autres peintures (contemporaines ou à peu près), toiles, miniatures ou panneaux, qui n'offrent nul point de contact décisif avec elle. De sorte qu'en face des œuvres des artistes du temps, on éprouve le même embarras qu'en lisant les témoignages contradictoires des historiens et ceux des contemporains de César.

Au physique aussi bien qu'au moral, il semblait difficile de calomnier le fils d'Alexandre ; Paul Jove y a réussi : en trois lignes il a donné des armes à tous les biographes des XVIIe et XVIIIe siècles. « Son visage, dit l'auteur des *Bibliographies des hommes illustres*, était défiguré par des rougeurs et des pustules ; ses yeux, très enfoncés, au regard cruel et venimeux, semblaient jeter des flammes. » L'assertion est étrange en face des témoignages contraires ; mais comme elle vient d'un historien contemporain, d'un évêque qui a pratiqué le Vatican et, sinon connu César, au moins vécu dans ses alentours, il faut tenter de l'expliquer, tout en montrant que, de sa part, elle est doublement contradictoire. Paul Jove, dans les premières années du XVIIe siècle, avait formé dans sa belle maison de Côme, où elle n'est pas encore entièrement

dispersée, une collection célèbre dans toute l'Italie, sous le nom de
« Museo Joviano. » Au milieu de marbres antiques, de fragments
d'architecture, de manuscrits, de livres précieux, d'œuvres d'art
de toute nature, on voyait, réunis dans son cabinet de travail, une
suite de portraits des hommes illustres de son temps, panneaux
peints, originaux des illustrations qui ornent les diverses éditions
des *Elogia virorum illustrium*. Le musée de Florence possède des
copies de ces portraits, commandées par un Médicis et exécutées
par Cristofano Papi dit l'*Attissimo*. Dans cette série, que Paul
Jove avait sous les yeux au moment même où il écrivait, César
est représenté sous les traits d'un beau jeune homme à la barbe
blonde, aux longs cheveux flottants, coiffé du *beretto* de capitaine-
général, portant le bâton de commandant. Et Paul Jove, dont tous
les iconographes savent les scrupules en matière de représentation
(puisqu'il est allé jusqu'à laisser en blanc, dans ses beaux livres,
la place réservée aux personnages pour lesquels il ne pouvait pas
recourir à un document authentique), n'hésite pas à reproduire ce
même portrait de César en tête du chapitre qui lui est consacré,
léguant ainsi à la postérité la seule image qui puisse servir à
contrôler l'exactitude de toutes celles qui ont la prétention de
représenter le terrible fils de Borgia. En effet, comment ne pas
accorder confiance à cette représentation ? Le portrait a été fait par
ordre d'un connaisseur, d'un amateur qualifié, intéressé, par ses
études et le but qu'il poursuivait, à posséder une image exacte ; de
plus, Paul Jove a vécu du temps de César, il a même pu le connaître
et, en tout cas, il a eu de nombreuses occasions, soit par lui-même,
soit par ses amis, de contrôler la ressemblance. La contradiction,
on le voit, est flagrante ; mais Paul Jove, au dire de Tiraboschi, avait
deux plumes : l'une d'or pour ses amis et ceux qui payaient, et une
de fer pour ceux qu'il n'aimait pas, et de plus, « l'évêque de Nocera
était très crédule et insérait dans ses histoires les contes qu'on lui
faisait. »

La vérité est que le monstre était beau autant qu'agile et fort ; mais
que sa physionomie, à partir de l'âge de vingt-cinq ans, fut flétrie
par la débauche. Le premier qui l'a vu et décrit pour la postérité, c'est
l'ambassadeur de Ferrare, Giovanni Boccacio, évêque de Modène.
Le 13 mars 1493, il visite César à son arrivée de Pise, au sortir de
l'université ; le fils d'Alexandre est alors dans sa dix-septième année

et déjà cardinal. « L'autre jour, écrit l'ambassadeur à son maître Hercule d'Esté, je fus trouver César chez lui dans le Transtévère, il allait partir pour la chasse et avait revêtu un costume tout à fait mondain ; vêtu de soie, l'arme au côté ; à peine, sur sa tête, un petit rond rappelait-il le simple tonsuré. Nous cheminâmes ensemble à cheval… C'est un personnage d'un grand esprit, très supérieur, et d'un caractère exquis, ses façons sont celles d'un fils de potentat ; il a l'humeur particulièrement sereine et pleine de gaîté, il respire la joie (*e tutto festa*). Il est d'une grande modestie, son attitude est noble, et son aspect est beaucoup plus séduisant que celui de son frère le duc de Gandia. » Il est évident que le mot *modestie* a dû changer de sens, car il revient constamment dans les portraits de Lucrèce et de César.

Boccacio vient de le peindre à dix-sept ans ; Capello, le Vénitien, le voit le 28 septembre 1500, à l'âge de vingt-quatre ans (il lui en donne même vingt-sept, ce qui prouve bien que ceux qui étaient le plus intéressés à connaître l'âge de César ne l'ont pas su). « Il a vingt-sept ans, dit l'ambassadeur, il est très beau de figure, grand et bien fait. » Il est *realissimo*, dit l'un ; *biondo e bello*, dit l'autre ; très beau de corps, grand, bien fait, plus bel encore que le roi Ferdinand de Naples.., dit un troisième. Et, en effet, le roi Ferdinand et Alphonse, duc de Bisceglie, le deuxième mari de Lucrèce Borgia (celui-là même qui devait tomber sous le poignard de César), passaient pour les deux plus beaux princes du royaume. On pourrait multiplier les citations, mais c'est les résumer toutes, que de rapporter le passage du portrait qu'a tracé de César l'historien de *la Ville de Rome au moyen âge*. « La nature lui avait prodigué ses dons les plus heureux ; comme Tibère dans l'antiquité, il était le plus bel homme de son temps ; robuste de corps, il avait la force d'un athlète, et ne se laissait jamais entraîner par l'ivresse des sens, toujours au service d'une intelligence froide et aiguisée. Sur les femmes il exerçait une attraction magique… » La force physique de César était bien à la hauteur de sa beauté corporelle ; quand on cite les récits des témoins oculaires, on a même peine à ne pas croire à quelque exagération. Il avait organisé à Rome des combats de taureaux selon la mode d'Aragon, et fermant la place de Saint-Pierre avec des barrières, pour en faire un cirque, on le vit un jour, lutteur sans rival, tuer cinq taureaux sauvages et foudroyer le dernier d'un coup d'espadon, aux cris d'une foule en délire [6]. Les documents empruntés aux archives des villes de Romagnes sont d'accord, sur ce point, avec les témoignages vénitiens et ceux des panégyristes romains. Un de ses capitaines, Justolo, raconte qu'il brisait en deux un fer à cheval, courbait facilement une pique de fer et rompait un câble. Parfois, déjà duc des Romagnes, il sortait du palais, accompagné d'un de ses familiers, et, se mêlant aux paysans, sous des habits d'emprunt, engageait avec eux des luttes corps à corps. Un manuscrit de la bibliothèque de Cesena, où sont réunies toutes les poésies latines de Francesco Uberti, familier de César Borgia, contient même une épigramme : *Ad victoreni rusticum*, adressée à un brave villageois qui, ne devinant pas le seigneur sous l'habit populaire, avait vaincu et roulé sans vergogne un compagnon du duc. Mais la preuve la plus décisive de l'extraordinaire énergie de son tempérament et de sa force de résistance, César la donna le jour où il triompha du mal qui emporta son père, à la suite d'un souper dans la vigne du cardinal de Corneto [7]. Cette force physique et cette mâle énergie que César oppose à la maladie lorsqu'elle le terrasse, il l'opposera au destin qui le frappe. Après lui avoir refusé tout idéal politique et toute conception, c'est au moins une injustice à l'égard du sanglant aventurier, de lui contester la force morale au moment où la fortune se tourne contre lui. Capitaine de l'église, il ne vaut évidemment que par l'appui du Saint-Siège et l'alliance de la France qui en est la conséquence ; si cet appui lui manque, sa puissance s'écroule et nous n'avons plus devant nous qu'un audacieux condottiere : mais il y a encore une logique dans cette vie aventureuse ; tout y est conséquent ; le crime, le triomphe et la chute. Dès le premier jour, César entame la lutte avec la destinée qui l'a enfermé dans une impasse, et il en sort, annonçant à l'avance les coups qu'il va porter. Encore attaché à l'église, à peine à l'âge viril, nous venons de le voir affirmer ses ambitions et ses désirs, et, au moment de s'élancer, fixer les yeux sur la plus haute cime. Il parcourt une rapide carrière ; comme tous les audacieux, il a ses jours de fortune, et il oppose aux rigueurs du sort une résistance opiniâtre et ne s'avoue jamais vaincu. Cette ténacité qui jamais ne se lasse, fait de lui une personnalité, mais comme il n'a réalisé qu'en partie les vastes desseins qu'il avait conçus, la figure historique reste ébauchée et comme foudroyée sur sa base.

Section IV

L'auteur de *Rome au moyen âge*, tout en admettant que César avait conçu la pensée de reconstituer à son profit le royaume de l'Italie centrale, conteste que Machiavel ait le droit de dire qu'il y avait en lui quelque grandeur ; et il ajoute : « Ce n'est pas la dernière idole que l'histoire aura encensée. » Le point de vue auquel se place Machiavel n'est cependant contestable qu'en ce qui touche la pensée secrète que César avait eue de s'isoler du Saint-Siège, une fois sa force constituée, et d'opérer pour son propre compte en Italie. Il est probable, en effet, que le meurtrier de Gandia, capitaine de l'église, puis prince français, enfin duc des Romagnes, bientôt maître de Pérouse, de Pise, convoitant Bologne, et osant même menacer la Toscane, était ce qu'on appelle « un tempérament ; » il n'a jamais eu sans doute d'autre idée politique que le désir de régner et d'assouvir son ambition, comme Alexandre VI, de son côté, ne songeait qu'à enrichir ses fils, et ne se souciait de la puissance de l'église qu'en tant qu'elle augmentait la sienne. C'est même là, malgré des dons réels à côté de vices odieux, ce qui fait la faiblesse du pontife et du souverain. Mais les faits qu'accomplissaient le père et le fils n'en concouraient pas moins à l'unité de l'Italie ; César agissait même contre Alexandre et détournait déjà le courant à son profit, puisqu'à la mort du pontife, tous ses capitaines refusèrent de remettre les forteresses des Romagnes aux mains de Jules II. Qu'importait dès lors au secrétaire de la république florentine quel était le bras qui frappait les tyrans, et le but personnel de celui qui organisait sagement ses conquêtes dans le plus vaste rayon possible du territoire italien ? Une heure viendrait où la besogne faite par ce bandit couronné, les tyrannies locales abattues, l'idée d'unité acceptée, un prince plus digne lui succéderait, commandant à une milice forte, permanente et ralliée à un seul chef. C'était là le rêve de Machiavel, quoi qu'on en dise, et quoiqu'on s'apprête, en Allemagne, à lui contester cette grande pensée. Une fois l'idée conçue, le secrétaire florentin n'était pas homme à marchander les moyens d'exécution : c'est la seule explication à donner du livre *du Prince* et du jugement porté par Machiavel sur la personnalité d'un homme aussi odieux que César. En histoire, d'ailleurs, les faits dominent les intentions ; la plupart des actions héroïques dont on recueille encore aujourd'hui les bienfaits, ou dont on subit le châtiment, ont dû être accomplies sans longue préméditation et ne sont souvent que le résultat d'un besoin d'agir inhérent aux hommes fortement trempés. Qui nous dit que le fait de la descente de Charles VIII en Italie ne fut pas la suite de cet instinct, de ce besoin de voir et d'entreprendre ? Ici, Alexandre VI, dans une vue d'ambition personnelle, abat les barons romains ; bientôt, par le bras de César, il va supprimer les anciens vicaires de l'église, et, du même coup, mettre fin au despotisme. Que fait-il autre chose en réalité que de préparer l'œuvre qu'accomplira bientôt Jules II, c'est-à-dire la reconstitution du domaine temporel de l'église, la fondation d'une institution qui durera depuis 1510 jusqu'à 1860, conservant pendant plus de trois siècles la même forme de gouvernement, modifiée uniquement par les mœurs et les usages du temps ? Pie III, qui succède à Alexandre VI, ne s'y trompe pas, et Jules II lui-même, dès les premiers temps de son pontificat, se fait l'allié et le protecteur de César : « *Filius dilectissimus*, » ainsi le désigne-t-il dans ses premières bulles. Mais le jour où le grand pontife qui voulait uniquement fonder le pouvoir de l'église et étendre son domaine comprend bien la pensée personnelle de Borgia et pénètre son dessein de régner seul et de se substituer partout au Saint-Siège, il se décide à en finir, même par la trahison, avec celui qui n'est plus à ses yeux qu'un perturbateur de la paix publique et un ambitieux redoutable. C'est la raison d'état qui a tué César, et le parjure du roi catholique, qui l'a livré, a trouvé là son excuse.

On pourrait d'ailleurs prouver que le Valentinois avait un plan nettement conçu et qu'il l'a formulé à plusieurs reprises. Francesco Muria, duc d'Urbin, disait tenir d'un de ses secrétaires qui avait été l'un des familiers de César, que ce dernier répétait volontiers qu'il se ferait « roi d'Italie. » Il y a deux témoins de cette préméditation : l'évêque Soderini, d'abord, l'envoyé de la république de Florence, et Machiavel lui-même, qui dénoncera un jour à la seigneurie les projets du fils d'Alexandre sur la Toscane. Soderini, lui, fut trompé et séduit par le charmeur. Les Florentins, à la suite de la révolte d'Arezzo, menacés d'un assaut par les capitaines de César, qui semblaient alors agir en dehors de lui, avaient envoyé l'évêque en ambassadeur au duc des Romagnes, au moment où celui-ci ajoutait chaque jour une nouvelle conquête à celle de la veille. Il venait d'entrer en vainqueur à Urbino et avait reçu Soderini, le 25 juin 1502, dans le beau palais construit par Frédéric de Montefeltre. « Ce seigneur est splendide et magnifique, dit l'évêque dans sa dépêche, et les armes à la main il est si courageux, que les plus grandes entreprises lui semblent faibles. Pour recueillir gloire et profit, il n'y a péril ni fatigue qui le rebute. Il se fait bien voir du soldat, il a accaparé les meilleurs hommes d'Italie et arrive ainsi à être redoutable et victorieux. Ajoutez à cela que la fortune lui est constamment favorable. » Le 9 juillet, Soderini essaie d'obtenir une promesse de neutralité, sinon un gage d'alliance. « Il ne pense en aucune façon à nous enlever quoi que ce soit, écrit encore l'évêque, et ne veut rien de personne ; son but n'est pas d'opprimer, *mais bien d'en finir avec les tyrans*. D'ailleurs, ajoute-t-il encore, il met en avant tant de raisons qu'il faudrait beaucoup de temps pour lui répondre, car il a de l'esprit et de l'éloquence à revendre. »

Machiavel, lui, remplit trois missions successives auprès de César, et c'est vraiment un des spectacles les plus attachants de l'histoire que cette rencontre de deux tels acteurs sur la même scène. Le secrétaire de la république n'avait pas eu de relations directes avec Borgia avant la deuxième campagne des Romagnes ; mais il suivait de loin sa marche, car ses ambassades en Italie et en France, lors de la campagne de Charles VIII, l'avaient mis à même d'apprécier la politique et la conduite du Vatican. Il avait souvent trouvé le Valentinois sur son chemin et, l'ayant deviné, il l'observait en artiste. Machiavel, en réalité, a toujours poussé la république et le roi de France à ménager Borgia ; c'est lorsqu'il comprit que celui-ci menaçait Florence, que le secrétaire changea de tactique. Mais, même alors, il proposa à la république de faire d'un tel capitaine un allié plutôt qu'un ennemi, et il agit en conséquence. En octobre 1500, il le vit à Urbino pour la première fois, suivit de près ses armées, observa leur discipline, constata par lui-même l'action que le chef exerçait sur ceux qu'il commandait, et, avec sa perspicacité profonde, envisagea le fait important qui résulterait fatalement de ses actes militaires. Quant aux scrupules du jeune capitaine, il sut immédiatement à quoi s'en tenir, car il entendit César, faisant allusion à l'horrible carnage qu'avaient fait ses soldats lors du sac de Pergola et de Fossombrone, qui s'étaient soulevés, dire avec un horrible sang-froid : « Cette année, les constellations sont mauvaises pour ceux qui se révoltent. » Le secrétaire florentin n'avait plus à douter que Borgia ne fût fidèle à l'avenir aux principes de ce « prince » idéal, dont il devait tracer le portrait : « Il ne devrait se laisser arrêter par aucune considération de justice et d'injustice, d'humanité, de cruauté, de honte et de gloire. » Ajoutez à cela que César était jeune, hardi, audacieux, et que Machiavel a dit encore : « Mieux vaut être impétueux que circonspect, parce que la fortune est femme et que, pour la subjuguer, il faut la violenter, car elle se laisse vaincre plutôt par ceux qui la violent que par ceux qui agissent avec circonspection, et toujours en sa qualité de femme, elle est l'amie de la jeunesse, parce que les jeunes gens ont moins de prudence que de décision et qu'ils commandent avec plus d'audace [8]. » Dès lors, Machiavel suivit César dans la mêlée avec un intérêt croissant, et il a noté au jour le jour le degré d'énergie qu'il lui vit déployer au moment de la mort subite d'Alexandre VI et de la ruine de ses projets.

L'acteur et le drame étaient dignes du spectateur ; par une dernière campagne dans les Romagnes, César voulait compléter la soumission des petits états dont l'ensemble devait former sa couronne. Il avait pris Cesena pour capitale provisoire et fait alliance avec les Bentivoglio, qui lui avaient cédé Castel Bolognese. Fidèle à son système de duplicité, il allait lever le masque et menacer Bologne, décidé à en faire la capitale définitive de ses états. C'est au moment même où il allait partir que son père et lui, ayant accepté à souper chez le cardinal de Corneto, tombèrent foudroyés par la maladie. César resta seul, entouré d'ennemis, menacé de toute part. Il n'était cependant pas pris à l'improviste ; comme un joueur habile, en face de l'échiquier, a médité à l'avance la riposte aux coups qu'on lui peut porter, le Valentinois avait prévu tous les événements que pouvait entraîner la mort de son père et trouvé le moyen de parer à tout. Il avait oublié un point, cependant, c'est que le même coup qui frapperait Alexandre le frapperait aussi [9]. Peu importe ! Grelottant la fièvre, on vient de rapporter César au Vatican ; la maladie le terrasse, il commandera à la nature, el tandis que son père expire à ses côtés, pour conjurer la mort, il subit les plus cruelles épreuves et se soumet à un régime effroyable. Il échappe, en effet, mais il est défiguré et chancelant, son corps est secoué par de violents soubresauts ; à ses côtés, Bonafede, l'évêque de Chiusi, vigoureux comme un soldat, l'encourage à l'action. Son armée, encore intacte, solide et fidèle, peut tenir la ville de Rome en échec ; il appelle Michel Corella, son capitaine, son bravo, son âme damnée, le Michelotto des chroniques : l'argent est le nerf de la guerre, il lui ordonne d'abord de saisir le trésor du Vatican. Michelotto obéit, s'introduit chez le cardinal trésorier et, mettant le poignard sur la poitrine de Casanova, se fait livrer les clés et s'empare de cent mille ducats, selon Burkardt, de trois cent mille au dire de Sanudo. Cependant, dans Rome, les ennemis des Borgia se sont ralliés ; les Orsini se lèvent ; Fabio, l'un deux, vient de rencontrer sur sa route un des païens du Valentinois, le seul Borgia qu'on pouvait atteindre ; il l'a tué, s'est lavé les mains et le visage dans son sang, déclarant à tous que tel est le sort qu'il réserve au fils d'Alexandre. Le sacré-collège comprend le danger ; quelques-heures encore, Rome, en proie aux factions, sera saccagée.

César a 9,000 hommes d'armes disciplinés qui obéissent à un signe ; lui seul peut empêcher une collision ; il faut donc traiter avec lui, assurer la réunion du conclave, faire un souverain pontife et sauver la ville éternelle. Le plan sourit au capitaine et le rôle qu'il y doit jouer lui convient ; il dispose de huit voix au sacré-collège : il peut faire un pape de son choix, et, fort de ce nouvel appui, achever l'œuvre de son ambition. César accepte donc les ouvertures de la curie ; il se déclare prêt à traiter, pourvu que les ambassadeurs des puissances garantissent l'engagement. Les envoyés se rendent auprès de lui ; l'Italie, l'Europe tout entière est représentée autour de ce lit où César, défaillant, oppose à la douleur son énergie indomptable. Il assurera la liberté du conclave en se retirant avant trois jours avec ses troupes en dehors des portes ; en échange, on le confirmera dans son titre de capitaine général des troupes de l'église et de duc des Romagnes ; et, pour atteindre les Orsini qui le menacent, on publiera à son de trompe, dans toute la cité, l'édit qui punit de mort toute insulte faite aux Borgia et à ceux de leur parti. Le 2 septembre, le capitaine sort de la cité, couché sur une litière de drap noir, portée sur les épaules de ses hallebardiers et escortée par sa cavalerie. Sa famille le suit, sa mère, la Vanozza, est au milieu des rangs avec Joffre, le prince de Squillace, son frère ; autour de la litière, pour lui faire honneur, chevauchent les ambassadeurs d'Espagne, de France, et le représentant de l'empereur. Rome vient d'échapper à un immense danger : si César n'eût été qu'un aventurier vulgaire, il n'aurait pas résisté à l'envie de régner une heure sur la ville éternelle, qui n'avait plus de pontife, et de s'asseoir à la fois sur le trône de César et sur le trône de Saint-Pierre. Qui peut dire que Borgia, dans le délire de la fièvre qui l'agitait, n'a pas roulé dans son cerveau cette pensée terrible ? Cependant il part ; il va jusqu'à Népi sur les épaules de ses archers, de là, il intrigue avec le collège ; mais ses menées seront vaines ; la France, l'empire et l'Espagne ont leur candidat. Les Espagnols, qui ont assez de force pour s'opposer à l'élection d'un ennemi, n'en ont pas assez pour faire un pontife. Borgia a compris la situation ; il s'entend avec l'évêque de Chiusi, qui va devenir l'âme de l'intrigue et susciter une candidature de transition : celle de Piccolomini. Le vieillard a un pied dans la tombe, mais il ceindra la tiare parce qu'il s'engage à confirmer le Valentinois dans ses charges et dignités. Le conclave, ouvert le 16 septembre, est clos le 22 ; dès le lendemain de son élection, Pie III donne des gages. Bonafede reçoit sa récompense et est nommé gouverneur de Rome ; le 23, l'ambassadeur de Venise, venu à l'audience, s'entend reprocher par le pontife l'attitude de la république à l'égard des Romagnes qu'elle convoite : et quand le cardinal Della Rovère, de son côté, tente de faire rendre Sinigaglia à son neveu, ou quand Riario demande la réintégration des Sforza à Imola et à Forli, où César règne, le nouveau pontife défend énergiquement les droits du Valentinois. Il envoie même un légat à Pérouse pour dissiper la ligue qui se forme entre les ennemis du duc et expédie des commissaires dans les Romagnes pour prescrire à tous l'obéissance. Rien n'est perdu pour César, puisque Pie III est son allié ; il va employer la ruse, et, par l'organe des cardinaux espagnols, demander le droit de rentrer dans Rome. Pour arriver à leur but, ceux-ci le représentent comme misérable, ruiné par la maladie et près de sa fin ; et, en effet, la fièvre le mine. L'ambassadeur de Ferrare (car Este aussi le trahit : qu'est-ce que Lucrèce Borgia sans l'appui d'Alexandre ?) proteste auprès du pontife contre l'idée du retour de César. Le vieillard qui porte la tiare est attendri : « Je n'aurais jamais cru, dit-il à l'ambassadeur, que j'en arriverais à sentir de la commisération pour un tel homme, et cependant ma pitié est profonde. Les cardinaux espagnols intercèdent pour lui : ils me disent qu'il n'a plus de chances de recouvrer la santé et qu'il désire venir mourir à Rome. Je lui accorde l'autorisation qu'il demande. » César rentre, en effet, le 3 octobre avec 150 chevaux et 500 fantassins ; il avait dû envoyer une partie de ses troupes à Louis XII avec La Mirandole et Trivulzio, et, au cours des événemens, son armée commençait à se débander. Les cardinaux Sforza, Rohan, San-Severino et d'Albret rentraient avec lui ; il fut habiter le palais de Saint-Clément, encore malade, livide, obligé de se faire porter sur les épaules de ses gardes.

Après vingt-neuf jours d'absence employés à intriguer et à envoyer ses fidèles réconforter ses capitaines qui tiennent les villes des Romagnes ou punir les rebelles, le voilà de nouveau sur la scène ; il renaît à l'espérance. Giustiniani, l'ambassadeur de Venise, qui l'observe attentivement, — car la république convoite Rimini et les Salines, — vient lui rendre hommage et écrit au sénat : « Le duc n'est pas aussi mal qu'on le croit ; il parle avec arrogance et dit que bientôt il rentrera en possession de tous ses états. » César, en effet, croyait avoir vaincu la destinée et paré le coup ; les nouvelles des Romagnes étaient bonnes ; les villes restaient paisibles et celles qui se levaient étaient domptées ; Cesena, sa capitale, lui envoyait même des ambassadeurs qu'il recevait en roi, les renvoyant chargés de présents. En somme, on lui revenait de toute part ; c'est à ce point que son cruel ennemi, Julio Orsini, fit un accord avec lui, et que Pie III, remettant les choses juste au point où elles étaient au moment de la mort d'Alexandre, lui accordait de partir pour sa quatrième campagne. Le pontife expédia même un bref aux Florentins pour leur demander passage pour l'armée de César, « qu'il aimait tendrement, paternellement, dit le bref, à cause de ses qualités rares et supérieures. » Au fond, malgré les apparences, sauf le pape et ses peuples des Romagnes, tout le monde le trahissait : on s'était réjoui de sa chute et on craignait sa résurrection. Les Florentins répondaient en amis, mais sous-main ils ordonnaient à Machiavel de se rendre à Rome avant le départ du duc et de l'arrêter à tout prix. Les barons romains avaient bien signé un accord avec lui, mais ils étaient décidés à ne pas l'observer ; quant aux Vénitiens, s'ils avaient cessé leurs tentatives sur Rimini et Cesena : c'est qu'ils avaient compris que les peuples des Romagnes ne voulaient pas de leur joug. En attendant, embusqués à Ravenne, ils encourageaient deux des ennemis de César, Bartolomeo Alviano et Baglioni de Pérouse, et ceux-ci, d'accord avec l'ambassadeur d'Espagne et les Orsini, formaient une armée solide pour l'attaquer, le bloquer dans Rome et s'emparer de sa personne. Dix jours après sa rentrée dans la ville, ses ennemis signaient le traité offensif et défensif, où il était nettement stipulé qu'on poursuivrait le duc des Romagnes « jusqu'à la mort. » L'Espagne était entrée dans la ligue ; Gonzalve de Cordoue, qui la représentait à Naples, promulgua un édit défendant aux capitaines de Castille de servir sous la bannière de César, et leur enjoignit de se rallier à lui pour arrêter Louis XII dans sa marche sur Naples. C'était un coup porté aux bandes du Valentinois ; Ugo de Moncade, avec la fleur de ses braves, allait l'abandonner. Borgia fut beau joueur : il souhaita la victoire aux transfuges qui allaient rejoindre son ennemi et combattre pour le roi. Cependant, le traité fait entre l'Espagne, Alviano, Baglioni et Orsini s'exécutait ; chaque jour, par bandes détachées, des hommes d'armes entraient dans Rome ; autour du palais de Saint-Clément, où logeait le Valentinois, s'élevaient déjà des rumeurs ; on s'apprêtait à l'attaquer jusque dans le Vatican. Toutes les portes de Rome étaient gardées à l'extérieur, il ne pouvait plus s'échapper ; s'il essayait de fuir du côté de la mer, par Ostie, Mottino, l'ancien capitaine des galères d'Alexandre VI, se chargeait de le livrer à la ligue. Douze jours à peine s'étaient écoulés depuis le moment où César était rentré à Rome plein d'espérance ; comprenant l'imminence du danger, il tenta d'en sortir par la porte Viridaria, dont il avait soudoyé les gardes, et il s'avançait déjà quand deux de ses compagnies tournèrent bride et le trahirent. Les Espagnols partis, ses troupes s'égrenaient ; il ne lui restait plus que 70 chevau-légers, et Orsini, bien accompagné, coupait la route. Il fallut rentrer à toute bride et s'enfermer dans le Vatican ; on allait l'y assiéger. L'Alviano, capitaine de la ligue, le cherchait, criant : « Mort ou vif ! » Fabio Orsini et Renzo de Ceri s'étaient chargés de donner l'assaut au « Borgo, » que César avait fortifié. On le prit ainsi entre deux feux ; en incendiant la porte Torrione, il était facile de pénétrer dans le Vatican. Le Valentinois était à deux doigts de sa perte ; les cardinaux Borgia, de Salerne, d'Arborea et de Sorrente, le firent alors passer par le souterrain qui, de Saint-Pierre, conduit dans le môle d'Adrien ; ses deux fils naturels et les petits ducs de Nepi et de Sermoneta le suivirent. Cette fois, César était traqué comme une bête fauve ; on mit son palais du Borgo à sac et on détruisit tout ce qu'il possédait, sauf les objets précieux ramassés à la hâte et envoyés à Ferrare sous le couvert du cardinal d'Esté. Les Orsini, voyant que Pie III le protégeait encore et le cachait à leurs coups, changèrent de tactique, et, renonçant à employer la force, intentèrent à leur ennemi une action judiciaire comme spoliateur des biens des barons, demandant qu'il fût gardé à vue dans le château Saint-Ange jusqu'à ce que l'arrêt fût rendu. L'appui du pontife, joint aux démarches des cardinaux espagnols, pouvait encore le sauver ; il aurait fui la nuit, déguisé en moine, afin de rejoindre Micheletto à Rocca Soriana, et, une fois-là, rappelant Baldassare da Spicione et Taddeo della Volpe, ses capitaines, il se serait jeté dans les Romagnes. Tel était son plan ; mais, nouveau coup du sort, le 18 octobre, cinq jours après qu'il était entré dans le môle d'Adrien, Pie III mourait subitement après vingt-sept jours de pontificat.

On peut croire que César est terrassé ; mais Machiavel, qui a quitté Florence en toute hâte pour venir à Rome, le voit, le 26 octobre, dans sa prison, et écrit le jour même aux dix de Florence : « Le duc est enfermé dans le château ; il espère plus que jamais faire de grandes choses, en supposant qu'il fasse un pape à son gré et au gré de ses amis. » En effet, c'était une nouvelle partie à jouer ; le conclave allait encore se réunir, il fallait tenter de nouveau la fortune et déployer toutes ses ressources pour assurer l'élection du cardinal de Rohan, le candidat français. Aragon, qui veillait, fit échouer ces prétentions ; il fallut se rejeter sur Della Rovère ; sans doute, ce cardinal avait été l'ennemi des Borgia, mais depuis il semblait s'être rallié ; et, du moins, il avait la réputation de garder la foi jurée. César, en échange de certaines garanties, lui donna les voix dont il disposait, et Della Rovère fut élu le 1er novembre sous le nom de Jules II. L'appui que César venait de prêter au nouveau pontife était une faute dont il allait bientôt se repentir ; néanmoins, il envoya un de ses gentilshommes auprès de lui, et ses félicitations furent les bienvenues. Bientôt même, César s'enhardit jusqu'à porter ses hommages au Vatican et franchit les portes du château Saint-Ange, entouré d'un état-major de quarante gentilshommes et capitaines. Pendant dix jours, on le vit parmi les familiers du pape, qui semblait l'écouter avec satisfaction. Un soir, il reçul une mauvaise nouvelle ; ses villes des Romagnes étaient réoccupées une à une par les anciens seigneurs ; de tout son nouveau duché, Forli, Imola, et les forteresses où il avait jeté d'audacieux compagnons, lui restaient seules fidèles. Il osa demander un laisser-passer pour aller châtier les rebelles ; Jules II, influencé par les ennemis de César, et pénétrant peut-être déjà son dessein de garder les territoires en dehors de toute suzeraineté du Saint-Siège, se retourna soudain contre lui. Il dissimula cependant, accueillit favorablement sa demande et alla même jusqu'à lui assurer un libre passage chez les Florentins. Sous-main, il le jouait : et faisant allusion au traité régulier qu'il avait signé avec lui pour obtenir les voix des cardinaux espagnols, on l'entendit dire à Machiavel et à Giustiniani, l'ambassadeur de la sérénissime république : « Le duc n'aura pas un créneau de mes forteresses. Je ne suis obligé envers lui qu'à la vie sauve et à la libre jouissance de ses biens, mais on le favorisant auprès des Florentins, j'agis de façon à conserver la Romagne à l'église. » Jules II, en réalité, voulait encore se servir du capitaine, quitte à le jouer plus tard. Cependant, le laisser-passer n'arrivait pas ; et on devine sans peine que Machiavel se chargeait d'en retarder la délivrance. César alla droit au secrétaire florentin et joua franc jeu ; il se déclara résolu à passer par Ostie, à aborder à Livourne ou à Cènes avec cinq galères de la flotte pontificale : « Si je n'ai pas le libre passage, dit-il à l'envoyé, je signe un traité avec les Vénitiens et même avec le diable : je ramasse tout mon argent, j'assemble tous mes amis, je joue mes dernières ressources, et, une fois à Pise, j'emploie tout ce qui me reste de forces à faire du mal aux Florentins. » Machiavel essaya de le tromper encore ; il savait que tout le monde était contre lui et le temps était son allié. Dès que César sut que les galères étaient prêtes, il sortit de Borne, afin de s'embarquer ; mais le pape, mettant les jours à profit, avait organisé contre lui la défense des Romagnes, expédié par toutes les villes des brefs par lesquels il déclarait qu'il ne reconnaissait pas l'autorité du duc comme suzerain de l'église, et exhortait les peuples à secouer ce joug et à rentrer sous la bannière du Saint-Siège, qui, sous son règne, ne les abandonnerait plus. Le 21, on apprit au Vatican que les Vénitiens, profitant de l'occasion, attaquaient Faenza ; Jules II, qui redoutait Venise plus encore que César, fit partir Soderini et le cardinal Ramolino pour retenir Borgia à Ostie et lui arracher l'ordre de livrer les forteresses, promettant de lui donner en échange les moyens de réoccuper tout le territoire, pourvu qu'il se considérât comme le mandataire du Saint-Siège. César refusa ; Jules II ordonna alors au capitaine des galères de le retenir prisonnier. Pendant ce temps-là, on faisait couper les jarrets des chevaux de son escadron et pour achever cette ruine et trancher dans le vif, un bref, rendu public, instituait Giovanni Sacchi, évêque de Raguse, gouverneur des Romagnes et de Bologne à la place du Valentinois, enjoignant en outre à toutes les anciennes seigneuries d'arborer le drapeau pontifical. La rupture était complète ; devant des décisions aussi fermes. César résistait cependant encore, parce que, malgré l'attitude énergique du pape, les nouvelles qui lui parvenaient des Romagnes étaient rassurantes ; Imola, sans doute, venait de se révolter contre son autorité, mais presque partout les forteresses tenaient énergiquement, et Ottaviano Sforza, ayant tenté de rentrer, avait été jeté du haut des murailles avec un poignard dans le cœur.

C'est cette fidélité de ses chefs qui causa la perte de César. Jules II le fit prendre à Ostie, au moment où il allait monter sur ses galères ; il ordonna de la ramener au Vatican, où cette ibis il eut pour prison les appartements du trésorier, Francesco Alidosio. Le cardinal de Rohan vint le voir et lui témoigna de l'intérêt. Jules II, à la fois ferme et souple, essaya, par des promesses et par son accent simple et cordial, de lui arracher les clefs des forteresses. Il résistait encore, mais chaque jour amenait un nouveau désastre ; Michelotto, son bravo, Carlo Baglioni et Taddeo Della Volpe, ses capitaines fidèles, pris entre les Florentins, Venise, et les alliés du Saint-Siège, furent faits prisonniers. Ce fut un coup terrible. César eut un moment de faiblesse et proposa une transaction : il donnerait l'ordre à ses officiers d'ouvrir les portes des forteresses de Forli et d'Imola, mais, en échange, il se retirerait de Borne avec ce qui lui restait de troupes. Cette fois, à côté de la signature du pape, il exigea celle du cardinal de Rohan. Jules II le prit de haut et refusa. Borgia en appela alors à Hercule d'Esté, qui l'abandonna. Heure par heure, la situation empirait. Le pontife organisait son armée pour résister aux Vénitiens et venait d'appeler Guidobaldo, duc d'Urbin, pour remplacer César, comme capitaine général des troupes du Saint-Siège. Quoique Borgia eût enlevé au duc d'Urbin son duché et fait transporter à Cesena toutes les richesses amoncelées par Frédéric de Montefeltre dans le beau palais de la ville, il osa demander une entrevue au nouveau capitaine ; et c'est à Guidobaldo lui-même qu'il remit les lettres par lesquelles il autorisait ses propres officiers à l'abandonner dans cette cruelle épreuve. Comme témoignage de sa sincérité, Pier d'Oviedo, gentilhomme du Valentinois, servirait d'otage, tandis que Carlo da Moncalieri représenterait le Saint-Siège. Oviedo partit pour Cesena ; il entra seul dans la forteresse, muni des lettres de César, et les autres envoyés du Vatican restèrent au pied du rempart. Pier Remirès, qui commandait, lut les pouvoirs, mais à peine en eut-il compris la teneur, il ordonna de poignarder le gentilhomme qui avait osé se charger d'un tel message. Pour comble à un tel forfait, il fit pendre le cadavre et cria du haut du rempart : « Je ne rendrai la forteresse que quand le duc sera libre, c'est ainsi que je punis les traîtres. » A cette nouvelle, Jules II ne put se contenir, mais comme le traité passé avec César au moment du conclave l'enchaînait, il se résolut à accélérer l'action judiciaire intentée par les Orsini, afin de pouvoir légalement ruiner le Valentinois, le perdre et, s'il était condamné, l'exécuter. La mère de César, la Vanozza, était restée dans Rome avec les deux enfants naturels de son fils ; elle s'enfuit à Naples pour supplier le marquis de Mantoue, Gonzague, qui était leur parrain. César résistait toujours ; au milieu du mois de décembre, Machiavel, qui ne le perdait pas de vue, fut le visiter encore une fois. Il le trouva armé de patience, comme un homme qui a envisagé la mort. Il habitait toujours les appartements du trésorier et conservait son élégance et son faste habituels ; ses secrétaires et ses gentilshommes lui étaient restés fidèles ; Giovanni Vera entre autres, son ancien précepteur de Pise, qui avait pour lui une vive affection, ne le quittait pas. Machiavel le vit, couché sur son lit et regardant jouer aux échecs ; de temps en temps, on annonçait quelque cardinal espagnol qui bravait le Saint-Siège pour venir le saluer ; le Valentinois se levait, parlait parfois avec une rage froide et concentrée, et raillait ces puissants qui avaient peur d'un homme enchaîné, malade, qui grelottait la fièvre « et dont personne, disait-il, n'aurait garanti la vie pour une heure. » Cependant, dans une dépêche postérieure, le secrétaire florentin, qui l'a revu, ne peut s'empêcher de reconnaître que César, peu à peu, « branle au manche [10]. » Encore quelques jours et, gardé à vue dans le Vatican, le prisonnier aurait certainement disparu, mais un événement inattendu, en rendant un peu de force au parti des cardinaux espagnols, sauva encore le prisonnier. Gonzalve de Cordoue, le 31 décembre, était vainqueur des Français au Garigliano, et cette victoire assurait le pouvoir d'Aragon sur le royaume de Naples. C'était un redoublement d'influence au collège en faveur des Espagnols, qui devaient tout aux Borgia. Don Diego de Mendoza, ambassadeur des rois catholiques, profita habilement de ce retour de fortune et se joignit aux cardinaux, proposant sa médiation sur cette base : César rendrait les forteresses et, s'embarquant à Ostie, partirait pour la France, où il retrouverait ses parents, les d'Albret et ses protecteurs de la cour. Soit ruse de la part du duc des Romagnes, soit impuissance réelle de César sur ses capitaines, ceux-ci, cette fois encore, ne voulurent pas obéir aux ordres de leur chef. Cependant, le 14 février, Jules II rendit la liberté à son prisonnier ; il se montra même plein de courtoisie à son égard et renouvela ses promesses. Mottino, le capitaine des galères d'Ostie, reçut la mission de l'accompagner jusque dans un port français, et le cardinal Santa Croce, qui s'était porté garant, quitta Rome avec lui, chargé de s'assurer de son départ. Le 26 février, le capitaine allait lever l'ancre quand on apprit à Ostie que les places fortes étaient aux pontificaux ; le cardinal Santa-Croce, en face de cette satisfaction donnée au Saint-Siège, mit en liberté son otage, se bornant seulement à lui faire signer un engagement de ne jamais prendre les armes contre le pontife. Cette fois encore, le Valentinois semblait avoir vaincu la destinée.

Section V

Au moment de quitter le sol de l'Italie, Borgia, libre désormais, sentit qu'il renonçait à toute espérance de domination ; quelque temps auparavant, il avait eu la précaution d'envoyer les cardinaux Ramolino et Borgia à Gonzalve de Cordoue afin de lui demander un sauf-conduit au nom du roi catholique ; il l'avait obtenu. Fort de la foi jurée, au lieu de faire voile pour la France, il monta à cheval avec deux de ses compagnons et se dirigea sur Naples, où l'attendaient tous ceux qui ne désespéraient pas encore de sa fortune. Le 28 avril (1504), il se présenta à Gonzalve, entouré d'un certain nombre de gentilshommes qu'il avait ralliés. L'illustre capitaine le reçut en soldat ; il devint pendant quelque temps son familier, vécut librement dans la ville, déployant un certain train et montrant une parfaite aisance. Il venait souvent au Castello-Nuovo s'asseoir à la table du vainqueur du Garigliano, exposant chaque fois ses plans, ses idées militaires, pesant les chances de réussite qu'offrait la politique du moment. Gonzalve fut séduit ; il lui conseilla de rallier ses capitaines, l'autorisa à organiser des milices et convint même de fournir les galères pour inquiéter les Florentins et aller au secours de Pise. César formerait des escadrons, préparerait son artillerie et rallierait ses compagnons d'armes. Le capitaine se sentait dans son élément, Pise venait de lui envoyer un ambassadeur, il renaissait à l'espérance. Appuyé sur l'Espagne, il allait faire encore de grandes choses et se venger des Florentins. Le 25 mai, tout semblait résolu, les milices étaient prêtes, les rendez-vous donnés aux divers officiers, César allait partir ; on avait même, dans la journée, chargé les derniers canons à bord des galères : il vint le soir à Castel-Nuovo prendre congé de Gonzalve ; celui-ci l'embrassa et lui souhaita bonne chance ; mais, au moment où il allait franchir la poterne, Nugnio Campeo, le commandant du fort, lui demanda son épée : « Au nom du roi de Castille ! »

C'était l'œuvre de Jules II ; en face des nouvelles manœuvres du Valentinois, il avait envoyé un ambassadeur en Espagne pour se plaindre de l'attitude du royaume à son égard, dénoncer les préparatifs de Gonzalve et la protection accordée au fils de Borgia ; sans doute il avait garanti la vie de César, mais, de son côté, le Valentinois n'exécutait point ses engagements, et les forteresses tenaient toujours. Le pontife dénonçait donc ces nouvelles intrigues : de Naples, César devait aller à Pise avec les galères d'Espagne ; et, par la Garfanagna, il entrerait dans les Romagnes et mettrait le feu à l'Italie. D'ailleurs, il fallait s'attendre à le voir bientôt trahir l'Espagne comme il avait trahi le Saint-Siège : le roi catholique prévenu, c'était à lui d'aviser. La réponse aux doléances de Jules II ne s'était point fait attendre ; pourtant, Gonzalve, au nom du roi d'Espagne, avait signé un sauf-conduit que César avait fait passer à son fidèle capitaine Baldassare da Scipione ; Prosper Colonna s'empara de ce dernier et annula le gage. Ce n'était pas assez ; il s'agissait désormais d'obtenir du prisonnier la reddition définitive des forteresses. Trois longs mois s'écoulèrent en entrevues, en ruses, en menaces et en intrigues, avant qu'on pût arracher au Valentinois l'ordre formel de livrer les places ; il ne céda qu'en échange d'une nouvelle promesse de liberté ; et c'est alors que, donnant à Gonzalve de Mirafonte, qui avait juré de mourir dans la Rocca de Forli, l'ordre impérieux d'en ouvrir les portes, il ajouta : « Décidément la fortune est déchaînée avec trop de violence contre moi. » Dix jours après, on apprit à Naples que les capitaines des Romagnes étaient sortis des forts, à cheval, bannière au vent, suivis de leurs officiers, au cri de : « Duca ! .. Ducal.. »

Le soir du même jour, au moment où César se croyait libre puisqu'il avait accompli sa promesse, on s'empara de sa personne, et, porté de force à bord d'une galère, quelques heures après il faisait voile pour l'Espagne, accompagné d'un seul écuyer, et gardé à vue par son ennemi le plus cruel, Prospero Colonna, chargé d'escorter le prisonnier, que les galères du roi de France auraient pu tenter d'enlever.

Laudabilis perfidia, dit l'historien de Thou ; ce ne fut pas l'avis de Louis XII, qui comptait encore sur César pour agir en Lombardie. « La parole du roi d'Espagne vaut la foi carthaginoise, » dit le souverain en apprenant l'enlèvement du Valentinois. « Le monde applaudit, écrit Gregorovius, mais la mémoire de Gonzalve a gardé cette tâche. Lui aussi sentit le remords, car il fut trahi par un roi. » On dit que le grand capitaine, près de sa fin, s'accusa publiquement d'avoir manqué deux fois à sa parole, envers le roi Ferdinand et envers le Valentinois. Edoardo Alvisi, l'historien de la conquête des Romagnes, raconte que Baldassare da Scipione, le capitaine entre les mains duquel on avait annulé le sauf-conduit, fit publier un défi dans toute la chrétienté « à quiconque de la nation espagnole oserait dire : Le duc Valentino n'a pas été livré malgré le sauf-conduit du roi Ferdinand et de la reine Isabelle, ait mépris de la foi jurée et à la honte de leur couronne royale. »

César était monté sur la galère le 20 août ; le même jour, pour preuve de l'entente entre Jules II et les rois catholiques, partait de Rome, à l'adresse du sénat de Venise, la dépêche suivante, signée de Giustiniani, ambassadeur de la Sérénissime auprès du Saint-Siège : « *Ultimo*, Sa Sainteté m'a dit, ce que j'avais d'ailleurs recueilli d'autre part : que le Valentinois vient d'être envoyé en Espagne, bien gardé, accompagné d'un seul page. Le pape ajoute qu'il a eu en mains des lettres personnelles du roi d'Espagne au sujet de cette résolution, lettres contenant l'ordre de l'envoyer strictement gardé. »

César ne devait jamais revoir l'Italie ; il n'avait pas atteint sa vingt-huitième année, et sa carrière politique et militaire avait duré quatre ans à peine. A son arrivée en Espagne, on l'enferma à Chinchilla, dans le royaume de Valence ; le lieu paraissant peu sûr, il eut pour nouvelle prison le château-fort de la Mota, à Médina del Campo. Pendant ce temps, à Rome, les Orsini poursuivaient la cause judiciaire qu'ils lui avaient intentée afin d'obtenir un arrêt. « Les lettres d'Espagne, dit l'ambassadeur de Venise au sénat (13 octobre 1504) racontent avec quelle rigueur on tient enfermé le Valentinois. Ici on instruit son procès pour le meurtre du duc de Gandia et celui de son beau-frère, avec la pensée de lui infliger la mort. » Jamais le silence ne se fit entièrement sur le prisonnier ; on le regrettait dans les Romagnes, où, à chaque instant, on s'attendait à le voir reparaître. Jules II déployait une extrême rigueur ; il tentait de terrifier ses partisans et de décourager ses anciens sujets. A Pesaro, Giovanni Sforza, l'ancien mari de Lucrèce, avait repris possession de sa seigneurie et se vengeait de tous ceux qui s'étaient ralliés au Valentinois. Michelotto, le capitaine des gardes, était gardé à vue dans les prisons du Vatican. Le pontife voulait se servir de lui pour perdre César aux yeux de ses propres partisans, et faire trahir le secret de ses crimes par celui qui en avait été le complice et l'exécuteur. Soudain, le 13 janvier 1505, du nord au sud de l'Italie, on parla de la mise en liberté du prisonnier. Le bruit partait de Rome où les cardinaux espagnols entretenaient l'agitation au profit du fils d'Alexandre. « Ici, écrit Giustiniani au sénat de Venise, on dit publiquement que le roi d'Espagne a libéré le Valentinois ; il lui a envoyé une escorte honorable en lui faisant dire qu'il ne se bornera pas à le tirer de prison, mais qu'il prétend se servir de son bras pour les affaires d'Italie. Tous ceux qui lui sont restés attachés sont pleins d'allégresse. » A la même date, l'envoyé florentin donnait la même nouvelle aux « dix de la Balia ; » mais, le 11 février suivant, le Vénitien démentait sa dépêche précédente : « Le dit Valentinois est tenu plus étroitement que jamais, car on a découvert qu'il avait tenté de fuir. Ses partisans ici sont outrés. » Il y avait cependant quelque chose de vrai dans la rumeur qui avait failli soulever les Romagnes et terrifié le Vatican. Dans les premiers mois de l'année 1506, Ferdinand le Catholique avait effectivement jeté les yeux sur César pour lui confier des troupes et l'envoyer en Italie afin de s'emparer de Gonzalve de Cordoue, qu'il regardait désormais comme un traître. Quelle revanche pour César ! Le roi d'Espagne demanda même alors à son gendre, le régent Philippe le Beau, de lui envoyer le prisonnier ; celui-ci n'obéit point. Philippe, fils de l'empereur Maximilien, avait des prétentions personnelles à la couronne de Castille, et lui aussi comptait sur l'épée du Valentinois. De sorte que cet homme désarmé, battu par le sort, derrière les murs d'un cachot, était encore regardé comme une force par les deux partis qui allaient se disputer l'héritage d'Isabelle la Catholique. L'année 1506 fut une année troublée pour l'Espagne ; parmi les princes feudataires de la couronne, les uns tenaient pour Philippe, les autres pour Ferdinand ; César, en habile conspirateur, profita de ces dissentiments pour nouer des relations et mettre son beau-frère le roi de Navarre dans ses intérêts. Le 25 octobre 1506, ayant jeté une corde sur un gouffre qu'on croyait infranchissable, il s'évadait de la Mota [11] « par grand miracle, » trouvait des chevaux et des cavaliers navarrais prêts à l'escorter, et, sans débrider, se réfugiait sur les terres du comte de Benavente. En réalité, le chevalier de Ségovie, Gabriel de Japia, lieutenant de l'adelantado de Grenade, don Diego de Cardenas, qui était chargé de le garder, avait fermé les yeux sur sa fuite ; il allait d'ailleurs subir un procès et payer chèrement sa complicité. Du mois d'octobre au mois de décembre, le fugitif vécut sous la protection des Benavente, attendant l'heure où les partisans de l'empereur Maximilien (qui, à la mort de Philippe le Beau, survenue subitement, avait hérité des prétentions de son fils à la couronne d'Espagne) lui donneraient les moyens d'agir. Rien ne se décidait ; César tour à tour eut recours à Louis XII, à sa sœur Lucrèce, à Gonzague et à l'empereur ; abandonné de tous, mais soutenu par les nouvelles qui lui parvenaient des Romagnes, il résolut de se retirer à Pampelune auprès de son beau-frère de Navarre.

Le 3 décembre 1506, César arrivait à Pampelune ; le 7, il expédiait son secrétaire Federigo au marquis de Gonzague avec mission de lui dire de vive voix les péripéties de sa fuite, ainsi que ses projets et ses espérances : « Votre Excellence saura qu'après tant de revers, il a plu à notre Seigneur Dieu de me rendre libre et de me laisser m'évader de, ma prison dans les circonstances que vous dira Federigo, mon secrétaire, porteur de la présente. Plaise à Dieu, dans sa clémence infinie, que ce soit pour son plus glorieux service I Pour le moment, je me trouve à Pampelune, auprès de Leurs Majestés le roi et la reine de Navarre. J'y suis arrivé le 3 décembre. » De Bologne, où la nouvelle de sa fuite parvint à Gonzague, elle se répandit bientôt dans toute l'Italie, et chacun se dit que le Valentinois allait de nouveau jeter son épée dans la balance. L'effervescence fut telle, dans les Romagnes, que Jules II fut contraint de prendre des mesures et de renforcer toutes les garnisons. Mais l'alerte fut courte ; le 12 mars 1507, comme il conduisait les troupes de Navarre devant le château-fort de Viana, où il voulait contraindre à s'enfermer le comte de Lerins, Loys de Beamonte, sujet rebelle à son roi, César, qui se croyait suivi de son escorte, emporté par son courage, tomba dans une embuscade, percé de vingt-deux blessures.

    Les Navarrais le dépouillèrent et le laissèrent nu sur le champ de bataille, au lieu appelé Mendavia. A la vue de la riche armure que les siens lui rapportaient, le comte de Lerins comprit que le mort était un capitaine de marque, et comme on venait d'amener un écuyer du parti ennemi qu'on avait trouvé, éploré, errant sur le champ de bataille, il lui montra les dépouilles en lui demandant à qui elles appartenaient. Le matin même, celui qu'on interrogeait, avait revêtu de ces mêmes armes son illustre maître et seigneur, César Borgia de France, duc des Romagnes. Beamonte, qui savait de quelle fureur César était animé contre les Espagnols depuis que Gonzalve l'avait trahi, aurait voulu le prendre vivant pour le livrer au roi catholique ; il réprimanda vivement don Pedro de Allo et Garcés de Agreda, qui se vantaient d'avoir porté les premiers coups au vaillant capitaine. Mais il fallait partir, car Jean de Navarre approchait ; Beamonte s'enfuit, laissant en liberté le pauvre écuyer Grasica, qui revint sur ses pas, explora tout le ravin près de Mendavia et découvrit bientôt le corps de César, entièrement nu, et qu'un soldat avait recouvert d'une pierre. L'écuyer se lamentait près du cadavre quand il entendit le pas de l'escorte de Jean de Navarre. Le roi mit pied à terre et, reconnaissant son beau-frère, s'agenouilla devant lui ; on jeta un manteau sur le mort, et il fut porté à l'église la plus proche, dans la paroisse qui donnait alors son nom au château-fort de Viana, à Santa Maria de Viana, où on ensevelit les restes du Valentinois à droite du maître-autel. Plus tard, on grava sur la pierre cette pompeuse épitaphe :

« Ci-gît, sous ce peu de terre, celui qui portait la terreur dans le monde et faisait à son gré la paix ou la guerre. — Passant qui cours le monde à la recherche des merveilles, si tu comprends ce qui est digne d'étonnement, tu n'as pas besoin d'aller plus loin ; arrête-toi. »

Un mois après avoir rendu les derniers honneurs à son maître, le fidèle Grasica arrivait à Ferrare, chargé d'annoncer à Lucrèce Borgia la mort de son frère. La duchesse, malade et enceinte, ne vit point l'envoyé ; ceux qui l'entouraient lui cachèrent la mauvaise nouvelle ; on se borna à lui dire que César avait été blessé dans une rencontre. Lucrèce donna les signes d'une vive douleur, et, en apprenant le trépas, elle se retira dans un couvent, où elle resta deux jours en prière. Alphonse d'Esté était absent ; ce fut le cardinal d'Esté qui accueillit le messager et entendit le récit des derniers instants du Valentinois. Il appela Magnanini, le secrétaire privé, afin qu'il assistât à l'entretien et pût notifier l'événement au duc de Ferrare, qui tenait alors la campagne. Ce document, signé : « Hieronimus Magnaninus, » est daté de Ferrare, 12 avril 1507 ; on le conserve aux archives d'état de Modène. Il est conforme, dans ses lignes générales, au passage des *Chroniques de Navarre* d'Esteban de Garibay, qui écrivait au moment où quelques-uns de ceux qui avaient vu tomber César vivaient encore [12].

Section VI

Dans la vie tumultueuse de César, si adonné aux femmes, il en manquera toujours une, la sienne propre, la duchesse de Valentinois, Charlotte d'Albret, sœur du roi Jean de Navarre, celle qu'il aurait dû aimer. Mais, là encore, il est impitoyable et conséquent avec son ambition : il avait reçu des mains du roi de France, le 12 mai 1499, à Chinon, « la plus belle fille de France ; » il lui donna son nom, lui laissa un enfant de sa race, et, presque au sortir de l'autel, l'abandonna pour courir à ses dramatiques destinées ; il ne la revit jamais. Louis XII, pour servir ses projets contre l'Italie et s'assurer l'alliance du Vatican, l'avait choisie, à l'âge de dix-sept ans, parmi les filles d'honneur d'Anne de Bretagne. Une lettre de France, apportée par un courrier spécial au pape Alexandre VI, le 23 mai, lettre dont le maître des cérémonies Burkhardt semble avoir eu la confidence, racontait sans pudeur au pontife le secret de la première nuit de ces noces en faisant l'éloge des charmes de l'épousée. D'autre part, en lisant dans les Mémoires de Robert de La Mark, seigneur de Fleurange, les indiscrétions des dames d'honneur de la duchesse, on se rappelle involontairement que la scène du mariage se passait au pays de Rabelais. Quoi qu'il en soit, la mariée était illustre, elle était belle, vertueuse ; elle fut le modèle des épouses. Les noces consommées, César était parti pour la Lombardie, laissant sa femme enceinte : elle se retira à Issoudun, où, en 1504, elle apprit l'exil du Valentinois. Zurita affirme qu'en 1507 la duchesse avait rejoint César en Navarre et se trouvait avec sa fille chez son père, au moment de sa mort ; mais M. Bonnaffé [13] a trouvé la preuve du contraire dans les archives de La Trémoille. C'est à La Motte-Feuilly, en Berry, entre La Châtre et Château-Meillant, dans le petit fief qu'elle venait d'acheter, que Charlotte reçut la triste nouvelle. Vouée depuis longtemps déjà aux pratiques pieuses, elle prit le deuil, pour ne plus le quitter, et se consacra à sa fille Louise, née aux premiers jours de 1500, et à ses relations de profonde amitié avec Jeanne de France, femme divorcée de Louis XII, devenue duchesse de Berry, qui résidait à Bourges, où elle avait fondé le couvent de l'Annonciade. Veuve à vingt-cinq ans d'un mari qu'elle n'avait vu qu'une heure, la duchesse de Valentinois mourut, le 11 mars 1514, à l'âge de trente-deux ans. Par son testament, elle instituait sa fille Loyse « sa seule et universelle héritière » et ordonnait qu'on la remît aux mains de Louise de Savoie, Madame d'Angoulême, mère du roi François Ier. Trois années après, le 17 avril 1517, la fille de César Borgia épousait Louis II de la Trémoille, vicomte de Thouars et prince de Talmont, qui devait tomber sur le champ de bataille de Pavie. Elle se remaria, à l'âge de trente ans, à Philippe de Bourbon-Busset, fils aîné de Pierre de Bourbon.

César avait laissé en Italie deux enfants naturels dont on n'a jamais nommé la mère ; Lucrèce les recueillit à Ferrare : l'aîné, Girolamo, n'a pas laissé de trace ; l'autre, Lucrezia, prit l'habit et mourut, en 1573, abbesse de San Bernardino.

Les trois dernières années de la vie de César, qui remplissent une page chez ses historiens les plus consciencieux, pourraient fournir un volume sous le titre : *César Borgia en Espagne* ; ce travail aurait l'intérêt de compléter le portrait resté inachevé. On montrerait les dernières convulsions du Valentinois, sa résistance persistante aux coups du sort, son énergie insurmontable, et ses manœuvres, jusqu'ici restées ignorées, derrière les murs du château-fort de Medina del Campo. Les documents existent : les pièces du procès fait par le roi catholique à son geôlier, Gabriel de Japia ; les interrogatoires des complices de sa fuite, le rapport sur son itinéraire de La Mota jusqu'à Santander ; la mission de son majordome Requesens auprès de Louis XII, les lettres échangées entre le Valentinois et le roi Jean de Navarre ; enfin, le récit circonstancié de sa mort, et même le procès-verbal de l'exhumation de ses restes dans l'église de Viana, tout est encore inédit dans les dépôts d'archives de l'Espagne et de l'ancienne petite cour de Navarre. On prouverait ainsi que ces trois années, qui n'ont pas eu d'historien parce qu'on croyait qu'elles n'avaient pas d'histoire, furent tumultueuses encore et dignes du nom terrible de Borgia. Ce n'est pas aller trop loin que de dire, dès aujourd'hui, qu'on trouvera la main de César dans la vaste intrigue, ourdie par l'Allemagne, qui devait aboutir à donner à l'empire la souveraineté de Léon et de Castille. C'est bien à Viana et non à Pampelune, ainsi qu'on l'a cru jusqu'ici, que sont encore aujourd'hui les restes de César ; mais, depuis des siècles, ils n'occupent plus leur place dans l'église de Santa Maria, et le Valentinois n'a plus de tombeau. Par une fatalité singulière, un des successeurs de César à l'évêché de Pampelune, jugeant que c'était un opprobre pour le saint lieu de garder ses dépouilles, les fit enfouir sous le pavé de la rue, en face de la porte principale de Santa Maria. Il y a quelques années, on conservait encore dans la petite ville la targe du capitaine, ramassée sur le champ de bataille de Mendavia, et suspendue au-dessus de la sépulture. Elle portait la devise du Valentinois : *Aut Cœsar, mit nihil*.

L'effet produit par la nouvelle de la mort du fils d'Alexandre dans toute l'Italie fut hors de proportion avec l'événement : tous les intérêts coalisés lui étaient désormais contraires. César n'était plus à craindre, mais il mourait si jeune, que ses anciens sujets ne voulaient pas croire à son trépas ; son nom devint légendaire, et sous le chaume, dans les Romagnes, on l'attendit longtemps : quand le peuple souffrait, il invoquait l'idée de son retour. Dans la même région, Sigismond Malatesta, tyran plus volontaire encore et souillé d'autant de crimes, avait été aussi regretté. C'est que tous deux savaient que la rigueur contre les grands et la douceur à l'égard des humbles est un lien entre les peuples et le souverain. En perdant César, on sentait que quelque chose de grand dans le crime et de puissant de par la force de la nature et l'intensité de la volonté, avait cessé d'exister, et on lui appliqua la devise des monts Acrocérauniens :

Feriunt summos fulmina montes…

Tandis que Sannazar le Napolitain décochait un dernier trait au cadavre de l'ennemi d'Aragon, le Bolonais Hiéronymus Cassius, envoyé trois fois auprès du Valentinois comme ambassadeur, comparait sa chute au coucher de l'astre roi :

Cesar Borgia che era della gente,

Per armi e per virtù tenuto un sole ;

Mancar dovendo, ando dove andar sole

Phebo, verso la sera, al occidente.

Notes

1.　F. Gregorovius, Histoire de la ville de Rome au moyen âge, vol. VIII, p. 36.

2.　L'assassinat de Gandia est l'objet, de la part de Burkardt, le maître des cérémonies d'Alexandre VI, dans son Diarium, du récit le plus minutieux. Les notes que M. Thuasne a ajoutées à l'édition complète, en langue latine, corroborent encore ce récit par des rapprochemens. En somme, la plupart des ambassadeurs ont désigné César pour le meurtrier, et maintenant que nous sommes en possession d'une leçon du Diarium aussi authentique qu'elle peut l'être, nous pouvons avec plus de certitude donner pour second mobile à l'assassinat de Gandia par son frère la jalousie qu'il avait conçue contre son rival. Gandia aurait été comme lui l'amant de dona Sancia, mariée à Gioffre, troisième fils d'Alexandre (quam et ipse cognoscebat carnaliter, dit Burkardt). — Machiavel, lui, cite Lucrèce comme objet de la jalousie de César ; mais l'idée d'ambition domine tout, cl les ambassadeurs, celui de Ferrare surtout, Pigna, ne s'y sont point trompés.

3. Le distique de Sannazar, « le Virgile chrétien, » est aussi à citer :

In Alexandrum VI Pont. max.

Piscatorem hominum ne te non, Sexte, putemus ;

Piscatoris natum retibus ecce tuum.

4. Burkardt, qui a introduit le cardinal, mentionne le baiser donné au fils par le père ; il marque la froideur de l'accueil par ces mots : Non dixit verbum papas Valentinus nec papa sibi, sed eo deosculato descendit de solio.

5. « In primis quod ipso illustrissimus Princeps et Dominas noster dignetur populum ipsum et civitatem Imolæ cum toto ejus districtu et comitatu, cum justicia et misericordia agere et gubernare ac régi et gubernari facere et committere, et eumdem populum et comitatum in pace conservare et a bello et guerra ipsum tueri, defendere manu tenere. » (11 mars 1500. Archives de la ville d'Imola. — Sottomissioni.)

6. « Le fils du pape, à cheval, dans un cirque qu'on avait formé tout près de l'escalier de Saint-Pierre, décochait des javelots aux taureaux ; et, semblable à Pépin, d'an bras d'Hercule tranchait d'un seul coup la tête de l'animal. Rome, pleine d'admiration, portait aux étoiles sa force brutale, » (Paolo Capello, dépêche du 28 septembre 1500.)

7. le récit, répété par tous les historiens, qui attribue la mort du pape Alexandre VI et la maladie de César Borgia à un empoisonnement résultant d'une erreur commise par l'échanson, qui aurait confondu les vases et versé au papo la boisson que celui-ci réservait à son hôte le jour du repas chez le cardinal de Corneto, a pour origine une lettre écrite de Ségovie par Pier Martire da Anghiera, le 10 novembre 1503, c'est-à-dire trois mois après l'événement. Ce qui fit surtout croire à un empoisonnement, c'est l'aspect que présentait le cadavre exposé dans Saint-Pierre pour le

baisement du pied : la face était noire et le corps démesurément enflé. Le peuple, en sortant de Saint-Pierre, répandit le bruit d'un empoisonnement : la simultanéité de la maladie de César (qui avait évidemment la infime origine que celle de son père) donna encore créance à la même opinion ; c'est ainsi que s'établit la tradition. Mais les faits sont les faits : le repas chez le cardinal de Corneto eut lieu le 5 août ; le pape et César tombèrent malades le 10 ; le 13, on annonça dans Rome la gravité de leur état à tous deux ; le 15, le mal augmenta, et Alexandre ne mourut que le 18, c'est-à-dire treize jours après le repas chez Corneto. Naturellement, le Diarium de Burkardt ne parle que de la fièvre : « Le 12, après vêpres, entre vingt et une et vingt-deux heures, le pape a été atteint de la fièvre, qui ne l'a pas quitté. » Giustiniani, l'envoyé vénitien, et Costabili, l'envoyé de Ferrare, l'ont vu le 11 sur son lit ; et, jour par jour, ont informé leur gouvernement sans une seule fois manifester de soupçons. Le pape leur a même parlé de sa dyssenterie et a fait allusion aux nombreux malades et aux cas de mort qu'on signalait dans la ville. On était en août, la chaleur à Rome était excessive ; une fièvre pestilentielle régnait ; le cardinal Borgia de Montréal, archevêque de Ferrare, avait été enlevé par l'épidémie cinq jours avant le souper chez le cardinal. En somme, c'est Guicciardini qui a fait le sort de la légende de l'empoisonnement en lui donnant ses grandes entrées dans l'histoire ; mais M. Thuasme, qui vient de publier une édition de Burkardt avec notes et commentaires, ne trouve pas trace d'une telle assertion et reste indécis. Comme il faut toujours chercher une raison aux meurtres commis par les Borgia, raisons presque toujours simples, vraies et évidentes (car ils tuaient ou par colère ou par calcul), on ne comprend pas bien pourquoi Alexandre VI aurait attenté aux jours du cardinal de Corneto, et, surtout, se serait précisément rendu chez lui à cette intention. Corneto n'est pas un ennemi direct, pas plus qu'aucun de ses convives. Cette erreur d'un échanson qui confond les vases contenant le poison, rapprochée de la circonstance des treize jours qui s'écoulent entre le souper et la mort d'Alexandre, donne au fait de l'empoisonnement un air de fable. L'assertion, il faut le reconnaître, a trouvé crédit chez les historiens, grâce à l'horrible réputation du pontife et de son fils César. Tout le XVIIe et le XVIIIe siècles l'ont acceptée comme un fait sans peser les circonstances.

Notes

8. Le Prince, chap. XXV, conclusion. Voir à ce sujet Antonio Medin, Il Duca Valentino nella mente di Niccolo Machiavelli. Florence, 1883.

9. Machiavel a recueilli l'aveu de la bouche même de César : Aveva pensato a tutto quello che potesse nascere morendo il padre, e a tutto aveva trovato rimedio, eccetto che non penso mai, in su la sua morte, di stare ancor lui per morire. — (Le Prince, chap. VII).

10. Autre dépêche aux Dix : « Poco a poco sdrucciola nel' avello. Il s'achemine à sa fin. »

11. Comme Brantôme, en son temps, visitait le donjon, le gardien, en lui montrant l'étroite lucarne par laquelle César avait dû passer pour s'enfuir, lui dit : Por aqui César Borja se salvo, por gran milagro. On a à ce sujet une dépêche de Hiéronimo Vianello, l'ambassadeur de Venise en Espagne, datée de Burgos, 1er novembre 1506, et une autre du 17 du même mois. On n'a jamais donné de détails sur cette fuite ; au dire de Vianello, l'entente avec le roi de Navarre était complète, et César avait mis des gardiens dans le complot. L'un d'eux lui montra la route et passa le premier : la corde était trop courte, le pauvre diable, en se laissant tomber, se démit un membre et resta sur place. César, passant à son tour, eut plus de bonheur, il sauta sur le cheval préparé et gagna le large. Le gardien blessé fut ramassé sur place, interrogé et écartelé.

12. « Compendio historical de las cronicas y universal Historia de todos les regnos de España donde se describen las vidas de los reyes de Nararra y la succesion de les obispos de la santa Yglesia de Pamplona. » (Édition de Amberès, 1571. Esleban de Garibay.)

13. Inventaire de la duchesse de Valentinois. (Paris, Quantin, 1878.)

ISBN : 978-1978081918

Charles Yriarte

www.ingramcontent.com/pod-product-compliance
Lightning Source LLC
Chambersburg PA
CBHW050246230526
45470CB00005B/2136